Fingerfood

60 Rezeptkarten

- ✔ aufstellen
- ✔ kochen
- ✔ genießen

W0315229

compact via

Inhalt

Abkürzungen

EL	Esslöffel	kg	Kilogramm	kcal	Kilokalorien
TL	Teelöffel	g	Gramm	kJ	Kilojoule
Bd.	Bund	mg	Milligramm	EW	Eiweiß
Msp.	Messerspitze	l	Liter	F	Fett
gestr.	gestrichen	ml	Milliliter	KH	Kohlenhydrate
geh.	gehäuft	cl	Zentiliter	1 kJ = 0,239 kcal	
TK	Tiefkühl...			1 kcal = 4,184 kJ	

Impressum

compact via ist ein Imprint der Compact Verlag GmbH

Redaktion: Isabel Martins
Umschlaggestaltung und Layout: textum GmbH, München

978-3-8174-8426-3
2011 2012 2013 2014 2015 10 9 8 7 6 5 4 3 2 1

www.compact-via.de

Kleine Röstbrote mit mariniertem Gemüse

Zubereitungszeit:
30 Min.

Nährwerte pro Stück:
98 kcal / 410 kJ
2 g EW
6 g F
11 g KH

Für 16 Stück:

je 1 gelbe und rote Paprikaschote
2 Tomaten
Olivenöl
Salz
Pfeffer aus der Mühle
1 TL Zucker
8 Oliven
16 Baguettescheiben
16 Basilikumblättchen

1

Kleine Röstbrote mit mariniertem Gemüse

1) Paprikaschoten waschen, halbieren und von Kernen und weißen Innenhäuten befreien. Fruchtfleisch in nicht zu kleine Stücke schneiden. Tomaten waschen und achteln.

2) 3 EL Olivenöl in einer Pfanne erhitzen. Paprikastücke hineingeben und zugedeckt bei mittlerer Hitze ca. 8 Minuten schmoren. Dabei immer wieder umrühren.

3) Tomaten dazugeben und unterrühren. Das Ganze noch einmal kurz zugedeckt schmoren. Sollte die Paprika nicht weich genug sein, noch 2 Minuten weiterdünsten und eventuell 2-3 EL Wasser zugeben. Mit Salz, Pfeffer und Zucker abschmecken.

4) Die Oliven halbieren und entkernen. Die Baguettescheiben entweder unter dem heißen Backofengrill von beiden Seiten grillen oder toasten. Mit jeweils 1 TL Öl beträufeln und etwas salzen.

5) Jeweils 1-2 EL vom Paprikagemüse auf das Baguette geben. Dann je 1 Olivenhälfte daraufsetzen und mit je 1 Blatt Basilikum garnieren. Auf einer Platte anrichten und servieren.

!

Nach Belieben kann unter das Gemüse auch etwas Aubergine oder Zucchini gegeben werden.

Austernpilz-Burger

Zubereitungszeit:
30 Min.

Nährwerte pro Burger:
312 kcal / 1305 kJ
12 g EW
15 g F
32 g KH

Für 4 Burger:

4 große Austernpilze (à ca. 125 g)
1 Gemüsezwiebel
4 Blätter Eisbergsalat
2 EL Pflanzencreme
200 g Cremefine zum Verfeinern
Salz
Pfeffer
1–2 TL naturscharfer Meerrettich
4 Burgerbrötchen
8 Scheiben Lachsschinken

Austernpilz-Burger

1) Die Austernpilze putzen. Gemüsezwiebel schälen, halbieren und in feine Ringe schneiden. Salatblätter kalt waschen, trocken tupfen und putzen.

2) Pflanzencreme in einer Pfanne erhitzen und die Zwiebelringe darin bei mittlerer Hitze weich braten. Austernpilze dazugeben und von beiden Seiten braten, bis sie gar sind.

3) Cremefine mit Salz, Pfeffer und Meerrettich glatt rühren. Brötchen im Backofen kurz erwärmen.

4) Burgerbrötchen halbieren und auf die untere Hälfte je 1 Salatblatt legen. Dann jeweils 2 Scheiben Lachsschinken und 1 Austernpilz daraufgeben. Mit Zwiebelringen belegen und mit der Cremefine bestreichen. Obere Brötchenhälfte aufsetzen und servieren.

!

Austernpilze sind reich an Vitamin B1, B2 und Niacin. Sie enthalten außerdem Kalium, Phosphor und Eisen. Das Eiweiß ist besonders hochwertig, da es alle lebenswichtigen Aminosäuren enthält, die der menschliche Körper selbst nicht bilden kann.

Crostini mit Pilzen

Zubereitungszeit:
30 Min.

Nährwerte pro Stück:
166 kcal / 695 kJ
5 g EW
8 g F
19 g KH

Für 8 Stück:

300 g Steinpilze
2 Knoblauchzehen
einige Stängel wilde Minze oder Petersilie
6 EL Olivenöl
etwas Gemüsebrühe
Meersalz
Pfeffer aus der Mühle
8 Scheiben Weißbrot

Crostini mit Pilzen

1) Die Steinpilze trocken mit Küchenpapier gründlich säubern und putzen. Hüte und frische Stiele in feine Scheiben schneiden.

2) Knoblauch abziehen und leicht flach drücken. Minze oder Petersilie abbrausen, trocken schütteln und ohne die groben Stielenden hacken.

3) 4 EL Olivenöl in einer Pfanne erhitzen. Knoblauchzehen darin goldgelb anbraten, dann herausnehmen. Minze oder Petersilie sowie zwei Drittel der Steinpilze zugeben und ebenfalls anbraten.

4) Nach Bedarf etwas Gemüsebrühe angießen und bei kleiner Hitze ca. 15 Minuten leicht köcheln lassen; dabei ab und zu umrühren. Dann das Ganze mit Meersalz und frisch gemahlenem Pfeffer abschmecken.

5) In einer weiteren Pfanne übriges Olivenöl erhitzen. Darin die restlichen Pilze bei großer Hitze kurz und kräftig anrösten. Mit Salz und Pfeffer würzen.

6) Weißbrotscheiben kurz toasten. Dann die Kräuter-Pilz-Masse darauf verteilen, mit den gerösteten Pilzen belegen und Crostini noch warm servieren.

! Wilde Minze, oder auch Bergminze, kennt man in Italien unter dem Namen Nepitella.

Spargel-Bruschetta mit Büffelmozzarella

Zubereitungszeit: 25 Min.

Nährwerte pro Stück:
107 kcal / 448 kJ
4 g EW
4 g F
12 g KH

Für 12 Stück:
500 g grüner Spargel • 50 g Schalotten • 2 Knoblauchzehen • 12 Cocktailtomaten • 125 g Büffelmozzarella • 1 Stängel Minze • 250 g Ciabatta • 2–3 EL Pflanzencreme (z. B. von Rama) • Salz • Pfeffer • Zucker • 2 EL Zitronensaft • 2–3 EL Balsamico-Essig

Spargel-Bruschetta mit Büffelmozzarella

1) Backofen auf 210 Grad vorheizen. Die holzigen Enden des Spargels abschneiden und die Stangen im unteren Drittel schälen. Dann Stangen waschen und in schräge Stücke schneiden. Schalotten schälen und in feine Streifen schneiden.

2) Knoblauch schälen und in Scheiben schneiden. Tomaten waschen. Mozzarella abtropfen lassen und in ca. 3 cm große Würfel schneiden. Minze abbrausen und trocken schütteln. Blätter abzupfen und fein schneiden.

3) Das Ciabattabrot in 12 dünne Scheiben schneiden und auf einer Seite mit etwas Pflanzencreme einstreichen. Im vorgeheizten Ofen knusprig rösten.

4) Restliche Pflanzencreme in einer Pfanne erhitzen. Die Tomaten darin scharf anbraten und wieder herausnehmen. Spargel hineingeben und ca. 2 Minuten unter Rühren kräftig braten. Dann zu den Tomaten geben.

5) Schalotten und Knoblauch bei verringerter Hitze unter Rühren farblos dünsten. Tomaten und Spargel wieder in die Pfanne geben. Das Ganze mit Salz, Pfeffer, 1 Prise Zucker, Zitronensaft und etwas Balsamico-Essig würzen.

6) Schalotten-Tomaten-Mischung in einer Schüssel mit Mozzarella und Minze mischen. Dann auf die gerösteten Brotscheiben verteilen und servieren.

Mozzarellatoast mit Spinat

Zubereitungszeit:
25 Min.

Nährwerte pro Stück:
136 kcal / 569 kJ
8 g EW
8 g F
8 g KH

5

Für 8 Stück:
250 g junger Blattspinat
120 g Pilze der Saison
1 Schalotte
1 Tomate
4 Scheiben Vollkorntoast
1 EL Butter
Salz
Pfeffer
Muskatnuss
250 g Mozzarella (z. B. von Galbani)

Mozzarellatoast mit Spinat

1) Den Backofen auf 230 Grad vorheizen. Spinat putzen, gründlich waschen und abtropfen lassen. Pilze säubern und in dünne Scheiben schneiden. Schalotte abziehen und fein hacken. Tomate waschen und in 4 dicke Scheiben teilen.

2) Toastscheiben im Ofen von beiden Seiten rösten, dann nebeneinander auf ein Backblech legen. Die Hälfte der Butter in einer Pfanne zerlassen und die Pilze kurz darin anbraten. Anschließend herausnehmen.

3) Die restliche Butter in die Pfanne geben. Schalotten zugeben und glasig dünsten. Den Spinat hineingeben und mit Salz, Pfeffer und Muskatnuss würzen. Spinat zusammenfallen lassen.

4) Das Schalotten-Spinat-Gemüse auf den Brotscheiben verteilen. Pilze daraufgeben und je 1 Scheibe Tomate darauflegen. Die Brote halbieren.

5) Mozzarella in Scheiben schneiden und auf die Toasts legen. Alles im Ofen kurz überbacken.

!

Mozzarella zählt zur Käsegruppe Pasta Filata. Verwenden Sie ihn möglichst frisch; geblähte Beutel sind ein Anzeichen für Überlagerung, mangelnde oder unterbrochene Kühlung und Gärung.

Crostini mit Krebsfleisch und Fenchel

Zubereitungszeit:
20 Min.

Nährwerte pro Stück:
143 kcal / 598 kJ
9 g EW
5 g F
16 g KH

Für 8 Stück:

1 große Fenchelknolle
Olivenöl
Salz
Pfeffer aus der Mühle
250 g Krebsfleisch (Dose)
2 EL Zitronensaft
8 Scheiben Weißbrot
frische Kräuter zum Garnieren

Crostini mit Krebsfleisch und Fenchel

1) Fenchel waschen, putzen und in feine Scheiben schneiden. 2-3 EL Olivenöl in einer Pfanne erhitzen. Fenchelscheiben in das heiße Öl legen und zugedeckt bei mittlerer Hitze 5 Minuten dünsten. Ab und zu wenden. Danach das Gemüse mit Salz und frisch gemahlenem Pfeffer würzen.

2) Das Krebsfleisch aus der Dose nehmen und abtropfen lassen. Mit einem scharfen Messer sehr fein hacken. Mit ca. 1 EL Olivenöl, etwas Salz, frisch gemahlenem Pfeffer und Zitronensaft abschmecken.

3) Die Brotscheiben unter dem heißen Backofengrill rösten oder toasten. Anschließend mit wenig Olivenöl beträufeln. Mit dem gedünsteten Fenchel und dem gehackten Krebsfleisch belegen. Crostini nach Belieben mit frischen Kräutern garnieren und auf einer Servierplatte oder einem Brett anrichten.

!

Verwenden Sie das aromatische Fenchelgrün zum Würzen. Dafür das frische Grün hacken und die gegarten Fenchelscheiben damit bestreuen.

Zucchini-Ziegenkäse-Muffins mit grüner Tomatenkonfitüre

Zubereitungszeit:
45 Min.
Marinierzeit:
1 Tag
Backzeit:
20 Min.

Nährwerte pro Stück:
205 kcal / 358 kJ
4 g EW
9 g F
28 g KH

Für 12 Stück:

Für die Tomatenkonfitüre:

500 g grüne Tomaten • Saft von 1/2 Zitrone • 175 g Zucker

Für die Muffins:

Fett für das Blech • 1 Zucchini • 100 g Ziegenfrischkäse • 150 g Mehl • 3 TL Backpulver • 1/2 TL Salz • 1 Ei • 60 ml Olivenöl • 80 ml Milch

Zucchini-Ziegenkäse-Muffins mit grüner Tomatenkonfitüre

1) Am Vortag die grünen Tomaten waschen und in Viertel schneiden. Kerne, Saft und Strunk entfernen. Die Viertel in eine große Schüssel geben. Über Nacht zugedeckt mit Zitronensaft und Zucker marinieren lassen.

2) Am nächsten Tag die Tomaten mit dem Sud in einen Topf geben. Unter Rühren aufkochen lassen und ca. 15 Minuten unter wiederholtem Rühren köcheln lassen, bis sich der Zucker aufgelöst hat.

3) Tomatenkonfitüre in saubere Marmeladengläser mit Schraubverschluss umfüllen. Fest verschließen und auf dem Kopf gestellt abkühlen lassen.

4) Den Backofen auf 180 Grad vorheizen. Die 12 Mulden eines Muffinblechs ausfetten. Zucchini waschen, trocken reiben und ohne die Enden auf einer Küchenreibe grob raspeln. Den Ziegenfrischkäse grob zerbröseln.

5) Mehl, Backpulver und Salz in eine Schüssel sieben und mischen. In einer anderen Schüssel Ei mit Öl und Milch verschlagen, Zucchini und Ziegenkäse untermischen. Danach das Mehl zugeben.

6) Die Mulden des Muffinblechs zu drei Vierteln mit dem Teig füllen. In den heißen Ofen schieben und auf der mittleren Schiene 20 Minuten backen. Anschließend die Muffins abkühlen lassen und mit der Tomatenkonfitüre zusammen servieren.

Griechische Bagels

Zubereitungszeit:
25 Min.

Nährwerte pro Stück:
359 kcal / 1502 kJ
13 g EW
22 g F
26 g KH

Für 4 Stück:

4 Bagels mit Sesam
4 große grüne Salatblätter
2 große Tomaten
1 weiße Zwiebel
200 g Fetakäse
1 Paprikaschote
kalt gepresstes Olivenöl
50 g entsteinte schwarze Oliven, in Scheiben
Salz
Pfeffer

Griechische Bagels

1) Bagels quer halbieren. Salatblätter waschen und trocken tupfen. Tomaten waschen und in Scheiben schneiden. Zwiebel schälen und fein hacken oder in sehr dünne Ringe schneiden.

2) Fetakäse abtropfen lassen und in kleine Würfel schneiden. Die Paprikaschote waschen, halbieren und von Kernen sowie weißen Innenhäuten befreien. Dann das Fruchtfleisch in Würfel schneiden.

3) Die untere Hälfte der Bagels jeweils mit 2–3 TL Olivenöl beträufeln. Danach jeweils mit 1 Salatblatt, Tomatenscheiben, Paprikawürfeln, Fetakäse, Zwiebel und Olivenscheiben belegen.

4) Beim Belegen das Ganze zwischendurch mit Salz und Pfeffer würzen. Die obere Bagelhälfte daraufsetzen und servieren.

!

Auch gut: Bagels mit Hähnchenbrustfilet und Bacon. Dafür 280 g Hähnchenbrustfilet salzen, pfeffern und in etwas Öl braten. 8 Scheiben Bacon knusprig braten. 4 Bagels halbieren und die unteren Hälften jeweils mit etwas Cocktailsoße bestreichen. Geflügel in breite Steifen schneiden und auf die Bagels legen. Darauf jeweils 2 Scheiben Bacon und etwas Rucola geben. Obere Bagelhälften auflegen und servieren.

Frühlingsrollen im Reisblatt mit Shrimps

Zubereitungszeit:
35 Min.
Garzeit:
15 Min.

Nährwerte pro Stück:
78 kcal / 326 kJ
5 g EW
1 g F
11 g KH

Für 8 Stück:
2 Möhren
3 Scheiben frische Ananas
150 g weiße Stangenbohnen
Salz
1/3 Gurke (unbehandelt)
16 gegarte Garnelen
Pfeffer
2 EL Sesamkörner
4 große Reispapierblätter (Asialaden)

Frühlingsrollen im Reisblatt mit Shrimps

1) Möhren schälen und in dünne Streifen schneiden. Ananasscheiben würfeln und die Bohnen putzen.

2) Möhrenstreifen in wenig Salzwasser 3 Minuten blanchieren und dann sofort in Eiswasser abkühlen. Die Bohnen in wenig Salzwasser 8 Minuten blanchieren und danach eiskalt abschrecken.

3) Gurke waschen und in dünne Scheiben hobeln oder schneiden. Garnelen nach Wunsch etwas kleiner schneiden, dann mit Ananas, Gurke, Bohnen und Möhren in einer Schüssel vermengen. Das Ganze mit Salz sowie Pfeffer würzen und Sesam darüberstreuen.

4) Reispapierblätter kurz in kaltes Wasser tauchen. Ein wenig abtropfen lassen und voneinander getrennt auf einem Küchenhandtuch für 2–3 Minuten weichen lassen.

5) Füllung in die Mitte der Reisblätter geben und verteilen. Dann die Blätter vorsichtig zusammenfalten. In den Dämpfeinsatz eines Topfes geben und 10–12 Minuten dämpfen. Anschließend die Frühlingsrollen halbieren und anrichten.

!

Reispapierblätter werden besonders in der vietnamesischen Küche geschätzt. Die papierdünnen Blätter werden aus Reismehl, Wasser und Salz hergestellt.

Tortillawraps mit getrockneten Pflaumen

Zubereitungszeit:
20 Min.

Nährwerte pro Stück:
230 kcal / 962 kJ
8 g EW
9 g F
30 g KH

Für 8 Stück:
1 reife Avocado
3–4 TL Sambal Oelek
abgeriebene Schale von 1/2 Limette (unbehandelt)
Salz
1/4 Kopf Eisbergsalat (ca. 150 g, möglichst grüne Blätter)
1 Stange Sellerie
4 weiche Tortillawraps (à 58 g)
200 g körniger Frischkäse (0,8 % Fett i. Tr.)
200 g getrocknete Pflaumen (z. B. aus Kalifornien)

Tortillawraps mit getrockneten Pflaumen

1) Die Avocado halbieren, den Kern entfernen und das Fruchtfleisch aus der Schale löffeln. Fruchtfleisch zerdrücken. Sambal Oelek und Limettenschale zugeben, glatt rühren, dann salzen.

2) Den Eisbergsalat in feine Streifen schneiden. Abbrausen und gut trocken schleudern. Sellerie abspülen, putzen und in sehr feine Streifen schneiden.

3) Tortillawraps zuerst mit der Avocadocreme, dann mit dem körnigen Frischkäse bestreichen. Den Eisbergsalat bis etwa zur Mitte der Wraps darauf verteilen. Selleriestreifen und die getrockneten Pflaumen längs darauflegen.

4) Die Wraps fest aufrollen. Dann in der Mitte einmal schräg durchschneiden und anrichten.

!

Auch die Wraps auf dem Titelbild sind einfach lecker gefüllt. Dafür 500 g Ricotta salzen und pfeffern, dann zwei Drittel auf 4 Wraps streichen. 2 Mangos in Scheiben schneiden und darauflegen. 250 g jungen Spinat darüber verteilen und 2 Knollen Rote Bete darüberraspeln. Den übrigen Ricotta darüber verteilen, pfeffern und fest aufrollen.

Pfannkuchenrolls California

Zubereitungszeit:
35 Min.
Quellzeit:
30 Min.

Nährwerte pro Person:
555 kcal / 2322 kJ
26 g EW
27 g F
51 g KH

Für 4 Personen:

Für den Pfannkuchenteig:

250 g Mehl • 1 Prise Salz • 300 ml Milch (1,5 % Fett) • 3 Eier • 50 g Margarine (z. B. von Rama)

Für die Füllung:

einige große Kopfsalatblätter • 200 g Mozzarella • einige Spritzer Limettensaft • Salz • Cayennepfeffer • 6 Tomaten • 150 g Alfalfasprossen

Pfannkuchenrolls California

1) Für den Teig Mehl mit Salz, Milch und Eiern zu einem glatten Teig verrühren. Das Ganze 20–30 Minuten quellen lassen.

2) Anschließend Margarine portionsweise in einer beschichteten Pfanne erhitzen. Aus dem Teig goldbraune Pfannkuchen backen. Aus der Pfanne nehmen und auskühlen lassen.

3) Kopfsalatblätter waschen und trocken tupfen. Mozzarella in kleine Würfel schneiden und mit einigen Spritzern Limettensaft, Salz und Cayennepfeffer würzen.

4) Die Tomaten waschen und würfeln, dabei die Kerne entfernen. Tomaten dann ebenfalls mit etwas Salz und Cayennepfeffer würzen. Alfalfasprossen in einem Küchensieb abbrausen und gut abtropfen lassen.

5) Jeden Pfannkuchen mit 1 Salatblatt belegen. Darauf dann die vorbereiteten Zutaten verteilen. Pfannkuchen aufrollen, in Stücke schneiden und nach Belieben mit Holzspießchen feststecken.

!

Diese Pfannkuchen lassen sich natürlich auch mit anderem Gemüse füllen. Geben Sie ganz nach Geschmack doch mal gewürfelte Paprikaschoten oder Zucchini dazu. Auch Möhrenraspel schmecken in der Füllung gut.

Filoteig-Taschen mit Hackfleischfüllung

Zubereitungszeit:
45 Min.

Nährwerte pro Stück:
65 kcal / 272 kJ
3 g EW
5 g F
2 g KH

Für 24 Stück:

1 Zwiebel • 2 Knoblauchzehen • 1 kleine rote Paprikaschote • 3 EL Olivenöl • 300 g Rinderhack • 2 EL Tomatenmark • Salz • Pfeffer • 1/2 TL Kreuzkümmel • 200 g stückige Tomaten (Dose) • 12 Blätter Filoteig • 2 Eigelb • Frittierfett

Filoteig-Taschen mit Hackfleischfüllung

1) Zwiebel und Knoblauch schälen, beides in kleine Würfel schneiden. Paprikaschote waschen, von Kernen sowie weißen Innenhäuten befreien und Fruchtfleisch in kleine Würfel schneiden.

2) Olivenöl in einer Pfanne erhitzen. Hackfleisch, Zwiebeln und Knoblauch zugeben und anbraten. Paprikawürfel unter das Hackfleisch mischen und 3–4 Minuten unter Rühren weiterbraten.

3) Tomatenmark dazugeben und 2 Minuten im Hackfleisch anschwitzen. Mit Salz, Pfeffer und Kreuzkümmel würzen. Dann die Tomaten dazugeben und 10 Minuten auf kleiner Flamme köcheln lassen. Dabei immer wieder umrühren. Anschließend die Pfanne vom Herd ziehen und Hackfleisch vollständig abkühlen lassen.

4) Die Filoteig-Blätter halbieren und die Fleischmasse auf die Mitte der Blätter verteilen. Eigelb mit 2 EL Wasser verquirlen und die überstehenden Teigränder damit einpinseln, dann zu kleinen Päckchen zusammenfalten.

5) Das Frittierfett in einem hohen Topf erhitzen und Teigtaschen portionsweise goldbraun frittieren. Warm oder kalt servieren.

Als Filoteig bezeichnet man griechischen Blätterteig.

Asiarollen mit Walnüssen

Zubereitungszeit:
50 Min.

Nährwerte pro Person:
780 kcal / 3264 kJ
29 g EW
32 g F
92 g KH

Für 6 Personen:
550 g TK-Frühlingsrollenteig • 250 g Glasnudeln • 2 rote Zwiebeln • je 1 grüne und rote Paprikaschote • 150 g kalifornische Walnüsse • 1 l Öl • 300 g gemischtes Hackfleisch • süße Chilisoße • Salz • Petersilie zum Garnieren

Asiarollen mit Walnüssen

1) Frühlingsrollenteig bei Zimmertemperatur auftauen lassen. Die Glasnudeln nach Packungsanweisung in heißem Wasser ca. 5 Minuten einweichen. Die Zwiebeln schälen und in Streifen schneiden. Paprikaschoten putzen, waschen und in Würfel schneiden. Walnüsse grob hacken.

2) 2 EL Öl in einer Pfanne erhitzen. Das Hackfleisch ca. 6 Minuten kräftig anbraten. Nach 4 Minuten Zwiebeln, Paprika und Walnüsse dazugeben und mitbraten. Mit Chilisoße und Salz würzen.

3) Glasnudeln in ein Sieb gießen, mit einer Schere klein schneiden und unter die Hack-Gemüse-Mischung heben. Die Teigblätter portionsweise auf der Arbeitsfläche auslegen.

4) Füllung auf die Mitte der Teigblätter verteilen. Die untere Ecke über die Füllung legen, die Seiten rechts und links nach innen über die Füllung schlagen und den Rest aufrollen.

5) Übriges Öl auf ca. 170 Grad erhitzen. Teigrollen portionsweise 3–4 Minuten knusprig ausbacken. Auf einer Platte anrichten und mit Petersilie garniert servieren.

!

Dazu schmeckt eine süße Chilisoße oder auch Sojasoße zum Dippen.

Sauerkrautecken mit Rote-Bete-Dip

Zubereitungszeit:
45 Min.

Nährwerte pro Stück:
164 kcal / 686 kJ
12 g EW
9 g F
4 g KH

14

Für 24 Stück:

450 g TK-Blätterteig • 150 g gekochter Schinken • 1 Dose Sauerkraut (350 g Abtropfgewicht) • Wacholderbeeren nach Belieben • 200 g saure Sahne • Salz • 1 TL Paprikapulver rosenscharf • gemahlener Kümmel • 1 Eiweiß • Pflanzenfett zum Frittieren (z. B. von Biskin) • 500 g Rote Bete (gekocht oder aus dem Glas) • 150 ml Rote-Bete- oder Gemüsesaft • 1 EL Rotweinessig • 1 EL Preiselbeeren (Glas) • schwarzer Pfeffer aus der Mühle • 2 EL Schnittlauchröllchen

Sauerkrautecken mit Rote-Bete-Dip

1) Die Blätterteigplatten auftauen lassen und den gekochten Schinken fein würfeln. Sauerkraut in einem Sieb abtropfen lassen und mit einer Gabel ausdrücken.

2) Schinkenwürfel und Sauerkraut in einer Schüssel vermengen. Wacholderbeeren hacken und mit 100 g saurer Sahne unter das Sauerkraut mischen. Mit Salz, Paprikapulver und Kümmel kräftig abschmecken.

3) Die Blätterteigplatten aufeinanderlegen und dünn ausrollen. Quadrate von ca. 7 x 7 cm Größe ausschneiden.

4) Jeweils etwas Sauerkrautmischung in die Mitte der Teigquadrate geben, die Ränder mit Eiweiß bestreichen und den Teig dann über der Füllung zu Dreiecken zusammenklappen. Ränder mit einer Gabel fest zusammendrücken und die Teigtaschen kurz ruhen lassen.

5) Sauerkrautecken im 165–170 Grad heißen Pflanzenfett portionsweise ca. 4 Minuten frittieren, dabei einmal wenden, und auf Küchenpapier entfetten lassen. Danach noch einmal 2 Minuten von beiden Seiten frittieren und erneut abtropfen lassen.

6) Für den Dip Rote Bete grob zerschneiden und im Mixer mit Saft, Rotweinessig sowie Preiselbeeren pürieren. Restliche saure Sahne unterziehen, mit Salz und frisch gemahlenem Pfeffer abschmecken und die Schnittlauchröllchen unterheben. Den Dip zu den Sauerkrautecken servieren.

Pizzataschen

Zubereitungszeit:
30 Min.
Ruhezeit:
30 Min.
Backzeit:
40 Min.

Nährwerte pro Person:
690 kcal / 2887 kJ
20 g EW
49 g F
43 g KH

Für 4 Personen:

Für den Teig:
200 g Quark (40 % Fett i. Tr.) • 200 g Mehl • 200 g Margarine (z. B. von Sanella) • Salz • Mehl für die Arbeitsfläche • Margarine zum Bestreichen, flüssig

Für die Füllung:
50 g Frühlingszwiebeln • 250 g Champignons • 100 g geräucherter Schinken • 2 EL Margarine • 4 EL scharfes Ketchup • Salz • Pfeffer • Oregano • 100 g geriebener Käse

Pizzataschen

1) Für den Teig Quark, Mehl, Margarine und etwas Salz vermengen. Durchkneten und in Folie wickeln. Bei Zimmertemperatur 30 Minuten ruhen lassen.

2) Den Backofen auf 180 Grad vorheizen. Für die Füllung Frühlingszwiebeln putzen, waschen und in feine Ringe schneiden. Champignons putzen und in dünne Scheiben schneiden. Den geräucherten Schinken in Würfel schneiden.

3) Margarine in einer Pfanne erhitzen und die Frühlingszwiebeln darin andünsten. Schinken und Champignons kurz mitbraten. Ketchup unterrühren und das Ganze mit Salz, Pfeffer und Oregano abschmecken. Den Käse unterrühren.

4) Teig auf einer bemehlten Arbeitsfläche ausrollen. Ca. 10 x 10 cm große Rechtecke ausschneiden und mit je 1 EL Füllung belegen. Zusammenklappen, Ränder festdrücken und Taschen mit flüssiger Margarine bestreichen.

5) Pizzataschen in den heißen Backofen schieben und auf der mittleren Schienen ca. 40 Minuten backen. Danach kurz ausdampfen lassen und warm servieren.

Crêpes mit Pfifferlingen

Zubereitungszeit:
40 Min.
Quellzeit:
30 Min.

Nährwerte pro Stück:
220 kcal / 920 kJ
7 g EW
14 g F
17 g KH

Für 8 Stück:

Für die Crêpes:

150 g Mehl • 2 Eier • Salz • 350 ml Milch • 8 TL Butterschmalz

Für die Füllung:

500 g Pfifferlinge • 60 g Schalotten • 1 Knoblauchzehe • 1/2 Bd. Petersilie • 1 EL Butterschmalz • Salz • Pfeffer • 100 g Crème fraîche • etwas Zitronensaft

Crêpes mit Pfifferlingen

1) Mehl in eine Rührschüssel sieben. Eier und Salz zugeben und das Ganze mit der Milch zu einem dünnflüssigen Teig verrühren. 30 Minuten quellen lassen.

2) Für die Füllung Pfifferlinge ganz kurz waschen oder trocken abreiben, putzen und klein schneiden. Schalotten und Knoblauchzehe abziehen, beides fein würfeln. Petersilie waschen, trocken schütteln, die Blättchen von den Stängeln zupfen und fein hacken.

3) 1 EL Butterschmalz in einer Pfanne erhitzen. Bei starker Hitze die Pfifferlinge ca. 4 Minuten braten. Schalotten sowie Knoblauch dazugeben und weich braten. Mit Salz und Pfeffer würzen. Crème fraîche einrühren und dann die Pfanne vom Herd ziehen. Petersilie und etwas Zitronensaft zugeben.

4) Für die Crêpes 1 TL Butterschmalz in einer beschichteten Pfanne erhitzen. 1 kleine Kelle Crêpeteig in die Pfanne geben und den Teig durch Drehen der Pfanne gleichmäßig dünn verteilen.

5) Crêpe bei mittlerer Hitze braten, bis der Teig durchgestockt ist. Den Crêpe auf einen Teller gleiten lassen und auf die gleiche Weise 7 weitere Crêpes backen.

6) Je 1 EL Füllung auf einer Crêpehälfte verteilen. Crêpe zusammenklappen und von der schmalen Seite her zweimal zusammenfalten. Zum Servieren in Pergamentpapier wickeln und in einer vorgewärmten Schüssel anrichten.

Blätterteigröllchen mit Schinken und Käse

Zubereitungszeit:
20 Min.
Ruhezeit:
30 Min.
Backzeit:
15 Min.

Nährwerte pro Stück:
97 kcal / 406 kJ
5 g EW
16 g F
8 g KH

17

Für 24 Stück:
300 g TK-Blätterteig
60 g Emmentaler
80 g Schinkenwürfel
1 Eigelb
50 g Sesamsamen
50 g Mohn

Blätterteigröllchen mit Schinken und Käse

1) Den Blätterteig auftauen lassen. Anschließend den Teig halbieren und zu 2 Rechtecken mit je 10 x 20 cm Kantenlänge ausrollen.

2) Emmentaler auf einer Küchenreibe raspeln. Beide Teige mit Käse und Schinkenwürfeln bestreuen und über die längere Seite einrollen.

3) Eigelb mit 1 EL Wasser verquirlen und die beiden Rollen damit rundum einpinseln. Eine der Rollen in Sesam, die andere in Mohn wälzen. 30 Minuten im Kühlschrank ruhen lassen.

4) Den Backofen auf 200 Grad vorheizen. Ein Backblech mit Backpapier auslegen. Die Blätterteigrollen in 1,5 – 2 cm dicke Scheiben schneiden und diese auf das Blech legen.

5) In den heißen Backofen schieben und die Röllchen 15 Minuten backen. Anschließend aus dem Ofen nehmen und die Blätterteigröllchen nach Belieben warm oder kalt servieren.

!

Einen mediterranen Geschmack bekommen die Röllchen, wenn Sie auf den Blätterteig zuerst passierte oder in Öl eingelegte Tomaten und ein wenig Oregano und Thymian geben.

Schnelle Quark-Blätterteig-Taschen

Zubereitungszeit:
35 Min.
Ruhezeit:
30 Min.
Backzeit:
15 Min.

Nährwerte pro Person:
546 kcal / 2284 kJ
15 g EW
41 g F
30 g KH

Für 4 Personen:

Für den Blätterteig:
125 g Quark, gut ausgedrückt • 125 g kaltes Butterschmalz in Stücken (z. B. von Butaris) • 125 g Mehl • 1 TL Salz

Für die Füllung:
150 g Spitzkohl • 100 g Möhren • 100 g rote Paprikaschoten • 50 g Frühlingszwiebeln • 1 Schalotte • 1 walnussgroßes Stück Ingwer • 1 kleine Peperoni • 1 1/2 gestr. EL Butterschmalz • Salz • Pfeffer • 50 g Emmentaler, gerieben • 1 Ei • Mehl für die Arbeitsfläche • 3 EL Milch

Schnelle Quark-Blätterteig-Taschen

1) Für den Blätterteig Quark mit kaltem Butterschmalz, Mehl und Salz mithilfe einer Küchenmaschine zügig zu einem glatten Teig verarbeiten. Den Teig in Frischhaltefolie einschlagen und 30 Minuten im Kühlschrank kalt stellen.

2) In der Zwischenzeit für die Füllung Spitzkohl und Möhren putzen. Dann beides mit einem Gemüsehobel in feine Streifen hobeln. Paprikaschoten und Frühlingszwiebeln waschen, putzen und in kleine Würfel schneiden. Schalotte, Ingwer und Peperoni putzen und dann fein würfeln.

3) Butterschmalz in einer Pfanne schmelzen. Schalotte, Ingwer sowie Peperoni darin anschwitzen, dann das restliche vorbereitete Gemüse zugeben und kurz mit anschwitzen. Das Ganze mit Salz und Pfeffer abschmecken. Die Füllung in eine Schüssel geben und den geriebenen Käse unterrühren.

4) Backofen auf 200 Grad vorheizen. Das Ei trennen. Eiweiß für die Teigränder in einer Tasse verschlagen. Teig auf einer bemehlten Fläche ausrollen und Kreise mit einem Durchmesser von ca. 15 cm ausstechen. Die Ränder des Teigs jeweils mit dem Eiweiß bestreichen.

5) Die Füllung mit einem Teelöffel in das untere Drittel der Kreise setzen, den Teig zusammenklappen und die Teigränder mit einer Gabel verschließen. Eigelb mit Milch verrühren und die Teigtaschen damit bestreichen.

6) Teigtaschen auf ein Backblech legen und im vorgeheizten Backofen auf der mittleren Schiene ca. 15 Minuten backen.

Weißbrotröllchen mit Forellencreme

Zubereitungszeit:
30 Min.

Nährwerte pro
Sück:
91 kcal / 381 kJ
3 g EW
4 g F
11 g KH

Für 16 Stück:
8 Scheiben Sandwichbrot
40 g Butter
1 Bd. Brunnenkresse
2 geräucherte Forellenfilets (ca. 120 g)
2 EL Crème fraîche
1 EL Zitronensaft
1 TL mittelscharfer Senf
Salz
Pfeffer aus der Mühle

Weißbrotröllchen mit Forellencreme

1) Sandwichscheiben entrinden und zwischen 2 Lagen Frischhaltefolie mit einem Nudelholz flach ausrollen.

2) Weiche Butter in eine Schüssel geben. Brunnenkresse waschen, trocken tupfen, Blättchen von den Stängeln zupfen und fein hacken. Die Hälfte davon unter die Butter mischen. Sandwichscheiben mit der Kressebutter bestreichen.

3) Die geräucherten Forellenfilets grob hacken und in eine Schüssel geben. Crème fraîche, Zitronensaft, den mittelscharfen Senf, etwas Salz und frisch gemahlenen Pfeffer zugeben. Dann das Ganze mit dem Stabmixer pürieren.

4) Forellencreme auf den Sandwiches verteilen und die Scheiben stramm aufrollen. Brotrollen in der Mitte schräg durchschneiden. Die Weißbrotröllchen anrichten und mit der restlichen Kresse bestreut servieren.

!

Die Forellencreme macht sich auch gut auf Pumpernickeltalern, Gurkenscheiben oder Crackern.

Glasierte Tofuspieße mit Honig und Soja

Zubereitungszeit:
30 Min.
Marinierzeit:
1 Std.

Nährwerte pro Spieß:
58 kcal / 243 kJ
4 g EW
4 g F
1 g KH

20

Für 16 Spieße:
400 g Tofu
dunkle Sojasoße
4 EL Pflanzenöl
2 EL Honig (z. B. Akazienhonig)
1 TL Chilipulver
2 EL Sesamsamen

Glasierte Tofuspieße mit Honig und Soja

1) Tofu abtropfen lassen und in 32 Würfel schneiden. Auf einen tiefen Teller geben und mit reichlich Sojasoße übergießen. Zudecken und 1 Stunde ziehen lassen. Dabei immer wieder umrühren, damit alle Tofustücke mit der Sojasoße bedeckt werden.

2) Tofuwürfel aus der Marinade nehmen. Öl in einer Pfanne erhitzen und Tofustücke darin rundum goldbraun anbraten. Anschließend herausnehmen und warm halten.

3) Den Honig in einem kleinen Topf erwärmen und das Chilipulver unterrühren. Wenn der Honig flüssig ist, das Ganze von der Herdplatte ziehen. Die marinierten Tofuwürfel hineingeben und gründlich darin wenden.

4) Jeweils 2 Tofuwürfel mit einem kleinen Holzstäbchen aufspießen und mit Sesamsamen bestreuen. Auf einer Servierplatte anrichten und dann servieren.

! Tofu wird aus Sojamilch gewonnen. Er ist eiweißreich, kalorienarm und cholesterinfrei.

Kibbeh

Zubereitungszeit:
35 Min.

Nährwerte pro Stück:
84 kcal / 351 kJ
3 g EW
2 g F
14 g KH

Für 16 Stück:
250 g Bulgur • 2 mittelgroße Auberginen • 2 Knoblauchzehen • 1 frische rote Chilischote • 1 große Zwiebel • 1 TL Speisestärke • 1/2 TL gemahlenes Piment • 1/2 TL gemahlener Koriander • Zimtpulver • gemahlener Kreuzkümmel • Salz • Sonnenblumenöl zum Braten • 1 Bd. Petersilie

Kibbeh

1) Bulgur in eine Schüssel geben und knapp mit lauwarmem Wasser bedecken. 20 Minuten quellen lassen.

2) Auberginen waschen und grob zerkleinern. Knoblauch schälen und grob hacken. Beides in einem Mixer sehr fein pürieren. Chilischote waschen, längs aufschneiden, entkernen und weiße Innenhäute entfernen. Schote sehr fein würfeln. Die Zwiebel abziehen, halbieren und in sehr feine Würfel schneiden.

3) Bulgur in ein Sieb schütten und abtropfen lassen. Dann in eine große Schüssel geben und mit püriertem Gemüse, Chili und Zwiebelwürfeln vermengen.

4) Speisestärke mit etwas Wasser anrühren und unter den Bulgur mischen. Das Ganze mit Piment, Koriander, etwas Zimtpulver und Kreuzkümmel würzen. Bei Bedarf etwas salzen. Alles zu einem Teig verkneten.

5) Masse in 16 Portionen teilen. Daraus kleine Bällchen formen und diese flach drücken. Öl in einer beschichteten Pfanne erhitzen und die Bällchen darin portionsweise goldbraun braten, dabei mindestens einmal wenden. Herausnehmen und auf Küchenpapier entfetten lassen.

6) Vor dem Servieren Petersilie waschen, trocken schütteln und hacken. Die Kibbeh damit bestreuen und auf Tellern anrichten.

Mini-Pizzen aus Kartoffelteig

Zubereitungszeit:
40 Min.
Ruhezeit:
30 Min.

Nährwerte pro Person:
407 kcal / 1703 kJ
11 g EW
19 g F
47 g KH

Für 6 Personen:
800 g mehligkochende Kartoffeln • 300 g Cocktailtomaten • 2 EL Schnittlauchröllchen • 2 EL Petersilie, frisch gehackt • 2 EL Basilikumblättchen, frisch gehackt • 1 EL Majoranblättchen, frisch gehackt • 1 Knoblauchzehe • 200 g Mehl (Type 405) • 1 1/2 TL Backpulver • 30 g weiche Butter • Salz • Mehl für die Arbeitsfläche • Pflanzenfett zum Frittieren (z. B. von Biskin) • 125 g Mini-Mozzarella (ca. 12 Stück) • Pfeffer aus der Mühle • Kräuter zum Garnieren

Mini-Pizzen aus Kartoffelteig

1) Kartoffeln abbürsten, waschen und in reichlich Wasser sehr weich kochen. Anschließend abgießen, noch warm schälen und durch die Kartoffelpresse drücken oder mit dem Kartoffelstampfer zerdrücken.

2) Tomaten kreuzweise einritzen, mit heißem Wasser überbrühen und häuten. Anschließend in einer Schüssel mit Schnittlauch, Petersilie, Basilikum und Majoran vermischen. Knoblauch schälen, fein hacken und untermischen.

3) Kartoffelpüree mit Mehl, Backpulver, Butter sowie etwas Salz vermischen und gründlich verkneten. Sollte der Teig zu weich sein, etwas mehr Mehl zugeben. Anschließend abgedeckt 30 Minuten ruhen lassen.

4) Backofen auf 70 Grad vorheizen. Mit einem Esslöffel jeweils kleine Teigportionen abnehmen und diese auf der bemehlten Arbeitsfläche zu runden Fladen von 8–10 cm Durchmesser ausrollen.

5) Teigfladen portionsweise im 165–170 Grad heißen Pflanzenfett ca. 4 Minuten goldgelb frittieren. Die fertigen Pizzaböden im Backofen auf einem mit Küchenpapier ausgelegten Backblech entfetten lassen und warm halten, bis alle Böden frittiert sind.

6) Mini-Mozzarella abtropfen lassen und je nach Bedarf halbieren oder vierteln. Pizzaböden mit den marinierten Tomaten und halbierten Mozzarellakugeln belegen. Die Pizzen mit frischem Pfeffer übermahlen, mit Kräutern garnieren und dann servieren.

Vegetarische türkische Pizza

Zubereitungszeit:
30 Min.

Nährwerte pro Stück:
305 kcal / 1276 kJ
12 g EW
8 g F
45 g KH

Für 4 Stück:
200 g Radicchio • 200 g Rucola • 400 g Weißkohl • 200 g Gurke • 4 kleine rote Paprikaschoten • 2 Äpfel • 2 EL Olivenöl • 2 EL weißer Balsamico-Essig • Salz • Pfeffer aus der Mühle • 4 Teigfladen für türkische Pizza (aus dem türkischen Supermarkt) • 4 EL Tomatenmark • 120 g fettreduzierter Frischkäse • 4 EL saure Sahne

Vegetarische türkische Pizza

1) Den Radicchio waschen, trocken schütteln und putzen, danach in mundgerechte Stücke zupfen. Rucola abbrausen, trocken schütteln und bei Bedarf etwas kleiner zupfen. Den Weißkohl waschen und sehr fein raspeln.

2) Gurke schälen und quer halbieren, dann die Kerne entfernen. Paprika putzen, waschen und von Kernen und weißen Innenhäuten befreien. Zusammen mit der Gurke fein würfeln. Äpfel waschen, putzen und Fruchtfleisch ebenfalls in Würfel schneiden.

3) Radicchio, Rucola, Weißkohl, Gurke, Paprika und die Äpfel in einer Schüssel vermengen. Mit Olivenöl, Essig, Salz und frisch gemahlenem Pfeffer abschmecken.

4) Teigfladen nach Packungsanweisung erwärmen. Tomatenmark, Frischkäse und saure Sahne glatt rühren. Danach auf die warmen Fladen streichen. Gemüsemix darauf verteilen. Die Fladen aufrollen und auf Tellern oder einer Servierplatte anrichten.

!

Wer es pikanter mag, kann das Tomatenmark durch die scharfe tunesische Harissa-Paste ersetzen. Zusätzlich kann, ganz nach Geschmack, noch etwas zerbröckelter Fetakäse über Salat und Gemüse gestreut werden.

Gemüsepakoras mit Minzjoghurt

Zubereitungszeit:
50 Min.

Nährwerte pro Stück:
55 kcal / 230 kJ
2 g EW
3 g F
6 g KH

Für 25 Stück:

Für den Minzjoghurt:
1 Bd. Minze • 300 g Joghurt • 1/2 TL gemahlenes Cumin • 1 Msp. Cayennepfeffer • Salz

Für die Pakoras:
1 Zitrone • 1 festkochende Kartoffel • 1/4 Kopf Blumenkohl • 1 Zucchini • 1 Banane • 1 Zwiebel • 2 Knoblauchzehen • 250 g Kichererbsenmehl • je 1 TL gemahlenes und ganzes Cumin • 2 TL gemahlener Koriander • 1 TL gemahlener Ingwer • 1 TL Salz • 1/2 TL Pfeffer • Öl zum Frittieren

Gemüsepakoras mit Minzjoghurt

1) Für den Minzjoghurt Minze abbrausen, trocken schütteln und hacken. Mit Joghurt, Cumin, Cayennepfeffer glatt rühren und salzen. Im Kühlschrank bis zum Servieren durchziehen lassen.

2) Für die Pakoras Zitrone auspressen. Kartoffel waschen, schälen und in 1 cm dicke Scheiben schneiden. Blumenkohl in kleine Röschen teilen und waschen.

3) Zucchini waschen und mit der geschälten Banane in 1 1/2 cm dicke Scheiben schneiden. Banane mit der Hälfte des Zitronensafts beträufeln. Zwiebel abziehen und in 1/2 cm dicke Scheiben schneiden.

4) Kartoffel und Blumenkohl in wenig Wasser ca. 6 Minuten bissfest dünsten. Kurz vor Ende der Garzeit Zucchinischeiben zufügen und mitgaren. Gemüse in einem Sieb abtropfen lassen.

5) Knoblauch abziehen und durch eine Presse drücken. Kichererbsenmehl in eine Schüssel sieben. Cumin, Koriander, Ingwer, übrigen Zitronensaft, Knoblauch, Salz und Pfeffer zum Kichererbsenmehl geben. 325 ml Wasser hinzufügen und das Ganze mit dem Handrührgerät glatt rühren.

6) In einen kleinen hohen Topf 3 Finger hoch Öl zum Frittieren füllen und erhitzen. Gemüse und Bananenstückchen nacheinander durch den Ausbackteig ziehen, etwas abtropfen lassen und portionsweise im heißen Fett goldbraun frittieren.

7) Frittierte Gemüsepakoras mit einer Schaumkelle aus dem Fett heben. Auf Küchenpapier entfetten lassen. Danach auf einer Servierplatte anrichten und mit dem Minzjoghurt servieren.

Scharfe Chili-Mandeln

Zubereitungszeit:
15 Min.

Nährwerte pro Person:
138 kcal / 577 kJ
4 g EW
12 g F
5 g KH

25

Für 8 Personen:

1 EL Chilipulver
2 EL Zucker
1 TL grobkörniges Salz
1 EL Mandel- oder Maiskeimöl
150 g ganze naturbelassene Mandeln

Scharfe Chili-Mandeln

1) Chilipulver mit Zucker und dem grobkörnigem Salz in eine kleine Schüssel geben. Das Ganze gründlich miteinander vermischen und anschließend beiseitestellen.

2) Mandel- oder Maiskeimöl in eine Pfanne geben und bei mittlerer Temperatur erhitzen. Die ganzen Mandeln dazugeben und dabei immer wieder umrühren, bis sich die Mandelhaut leicht löst und die Mandeln angenehm duften.

3) Hitze reduzieren und die scharfe Würzmischung unterrühren. Die Pfanne für ca. 30 Sekunden schwenken. Danach die gerösteten Mandeln in eine Schüssel geben, etwas abkühlen lassen und anschließend noch warm servieren.

! Mandeln sind reich an ungesättigten Fettsäuren und helfen, einen erhöhten Cholesterinspiegel zu senken. Daher tragen Mandeln auch dazu bei, Herz-Kreislauf-Erkrankungen vorzubeugen.

Frittierte Champignons in Parmesankruste

Zubereitungszeit:
40 Min.

Nährwerte pro Stück:
27 kcal / 113 kJ
1 g EW
2 g F
1 g KH

Für 35 Stück:
350 g frische Champignons
2 Eier
Salz
Pfeffer aus der Mühle
3 EL Mehl
50 g Parmesan
1 l Sonnenblumenöl

Frittierte Champignons in Parmesankruste

1) Die Champignons möglichst mit einem trockenen Tuch abreiben und putzen, dabei die Pilze ganz lassen. Die Eier in einen tiefen Teller geben, verschlagen und mit Salz sowie frisch gemahlenem Pfeffer würzen.

2) Das Mehl in einen tiefen Teller sieben. Den Parmesan fein reiben und ebenfalls in einen tiefen Teller geben. Champignons zuerst im Mehl wenden, dann durch das Ei ziehen und zum Schluss im Parmesan wälzen.

3) Das Öl in eine Fritteuse oder in einen großen Topf geben und erhitzen. Die Pilze portionsweise hineingeben und goldbraun frittieren. Anschließend mit einer Schaumkelle herausheben und vor dem Servieren auf Küchenpapier entfetten lassen.

!

Um zu prüfen, ob das Öl im Topf heiß genug ist, ein Holzstäbchen ins heiße Fett tauchen. Wenn rundum Bläschen aufsteigen, können Sie mit dem Frittieren beginnen.
Pilze soll man übrigens nach Möglichkeit nicht waschen, sondern trocken säubern, da sie sonst Wasser ziehen können.

Tofuspieße

Zubereitungszeit:
30 Min.

Nährwerte pro Spieß:
458 kcal / 1916 kJ
20 g EW
33 g F
20 g KH

Für 8 Spieße:

Für die süß-scharfe Soße:
1/2 Salatgurke (unbehandelt) • 4 EL Apfelessig • 1 EL Honig • 1/2 TL Sambal Oelek • Meersalz • Pfeffer aus der Mühle • 1 EL Erdnussöl

Für die Spieße:
120 g geröstete ungesalzene Erdnüsse • 1/4 Ananas • 1 Bd. Frühlingszwiebeln (ca. 150 g) • 250 g Tofu natur (z. B. von Vitaquell) • 2 EL Weizenmehl (Type 1050) • 1 Eiweiß • Meersalz • Pfeffer aus der Mühle • Erdnussöl

Tofuspieße

1) Für die Soße die Gurke waschen, trocken reiben, putzen und in feine Würfel schneiden. Apfelessig, Honig und Sambal Oelek glatt rühren. Das Ganze dann mit Meersalz und frisch gemahlenem Pfeffer würzen.

2) Das Erdnussöl unter das Dressing schlagen. Danach die feinen Gurkenwürfel dazugeben und die Soße bis zum Servieren abgedeckt in den Kühlschrank stellen.

3) Für die Tofuspieße die Erdnüsse sehr fein hacken und auf einen Teller geben. Ananas schälen und in Stücke schneiden. Frühlingszwiebeln putzen, waschen und in Ringe schneiden. Tofu in 16 Würfel schneiden.

4) Mehl auf einen tiefen Teller sieben. Eiweiß in einen tiefen Teller geben und verquirlen, dann mit Meersalz und frisch gemahlenem Pfeffer würzen. Die Tofuwürfel zuerst im Mehl, dann in Eiweiß und zum Schluss in den gehackten Erdnüssen wenden. Die Nüsse etwas andrücken.

5) Erdnussöl in einer Pfanne erhitzen. Ananas, Frühlingszwiebeln und Tofuwürfel auf 8 Holzspieße stecken. Spieße portionsweise im heißen Öl rundherum goldbraun braten. Fertige Spieße bis zum Servieren warm stellen.

Mini-Tartes mit Auberginen

Zubereitungszeit:
30 Min.

Nährwerte pro Stück:
273 kcal / 1142 kJ
8 g EW
21 g F
12 g KH

Für 12 Stück:

450 g TK-Blätterteig
200 g getrocknete Tomaten in Öl (Glas)
375 g Mozzarella
1 Aubergine
Salz
Pfeffer aus der Mühle
4 EL Pinienkerne
Olivenöl
1 Bd. Rucola

Mini-Tartes mit Auberginen

1) Blätterteig auftauen lassen. Tomaten mit etwas eigenem Öl sehr fein hacken, sodass sie eine fast cremige Konsistenz annehmen. Mozzarella gut abtropfen lassen und in feine Scheiben schneiden.

2) Die Aubergine waschen und trocken reiben. Dann in sehr dünne Scheiben schneiden, mit Salz bestreuen und ca. 10 Minuten Wasser ziehen lassen. Anschließend trocken tupfen.

3) Backofen auf 200 Grad vorheizen. Den Blätterteig ausrollen und 12 Kreise (nach Belieben in Blumenform) mit ca. 8 cm Durchmesser ausstechen. Die getrockneten und fein gehackten Tomaten darauf-streichen. Tomatenmasse pfeffern, bei Bedarf ganz leicht salzen.

4) Auf die Tomatenpaste Mozzarella geben und mit einigen Auber-ginenscheiben belegen. Dann mit Pinienkernen bestreuen, mit etwas Olivenöl beträufeln und auf ein mit Backpapier belegtes Blech legen. In den Ofen schieben und ca. 15 Minuten backen.

5) Rucola waschen, trocken schütteln und putzen. Die gebackenen Tartes mit Rucola garniert servieren.

!

Anstelle von Blätterteig eignet sich für diese Tartes auch ein Mürbeteig. Dafür 200 g kalte Butter in Stücken mit 250 g Mehl, 1 Prise Salz und 4 EL Wasser verkrümeln. Zu einem Teig kneten und vor der Weiterverarbeitung 30 Minuten ruhen lassen.

Kartoffelbällchen mit Mozzarella

Zubereitungszeit:
45 Min.

Nährwerte pro Stück:
80 kcal / 335 kJ
3 g EW
5 g F
6 g KH

Für 24 Stück:
700 g kleine mehligkochende Kartoffeln • 100 g Mozzarella • Salz • schwarzer Pfeffer • Muskatnuss, frisch gerieben • 2 EL Parmesan, fein gerieben • 2 TL getrockneter Oregano • 2 Eigelb • Mehl für die Hände • 2 EL Paniermehl • 50 g Rucola • 300 g saure Sahne • 300 g Cocktailtomaten • Öl zum Frittieren

Kartoffelbällchen mit Mozzarella

1) Die Kartoffeln waschen und ungeschält weich kochen. Abgießen, noch heiß pellen und sofort durch die Kartoffelpresse drücken. Die Masse abkühlen lassen. Mozzarella kurz kalt abbrausen und in einem Sieb gut abtropfen lassen. Dann den Käse in ca. 1 cm große Würfel schneiden.

2) Etwas Salz mit Pfeffer, Muskatnuss, geriebenem Parmesan, Oregano und Eigelb zur Kartoffelmasse geben und das Ganze rasch mit den Händen zu einem homogenen Teig verkneten. Den Teig in 24 Portionen teilen.

3) Die Teigstücke mit leicht bemehlten Händen etwas flach drücken. Danach die Mozzarellawürfel einzeln damit umhüllen und im Paniermehl wenden. Die Kartoffelbällchen mit Frischhaltefolie zudecken und kühl stellen.

4) Rucola waschen, trocken schütteln, verlesen und fein hacken. Saure Sahne cremig rühren. Rucola unterrühren, das Ganze salzen und pfeffern. Cocktailtomaten waschen und trocken tupfen.

5) Öl in einer Fritteuse oder in einem hohen Topf auf 170 Grad erhitzen. Kartoffelbällchen darin knusprig braun frittieren. Anschließend auf Küchenpapier entfetten lassen. Mit Cocktailtomaten und Rucolasahne servieren. Dazu Holzspießchen reichen.

Indische Linsenkroketten

Zubereitungszeit:
1 Std.
Quellzeit:
12 Std.

Nährwerte pro Stück:
91 kcal / 381 kJ
4 g EW
4 g F
9 g KH

Für 12 Stück:

200 g geschälte und halbierte schwarze Linsen
2 Zwiebeln
20 Curryblätter
2 getrocknete Chilischoten
1 1/2 EL Ghee
1 Stück frischer Ingwer (ca. 1 cm)
1/4 TL Backpulver
3 EL Koriandergrün, gehackt
Salz
Pfeffer
1 l Öl zum Frittieren

Indische Linsenkroketten

1) Linsen in eine Schüssel mit reichlich kaltem Wasser geben. Über Nacht quellen lassen.

2) Nach Ende der Quellzeit Zwiebeln schälen und fein hacken, die Curryblätter grob zerschneiden. Chilischoten nach Wunsch entkernen und hacken.

3) Ghee in einer kleinen Pfanne heiß werden lassen. Zwiebeln hineingeben und sanft andünsten. Curryblätter und Chilis unterrühren und alles 2–3 Minuten weiterbraten, bis die Blätter knusprig sind. Dann die Pfanne vom Herd nehmen.

4) Linsen in einem Sieb kurz abtropfen lassen. Anschließend mit dem Pürierstab oder in der Küchenmaschine gründlich pürieren. Dabei gerade so viel Wasser zugeben, dass ein zäher, dicker Teig entsteht.

5) Ingwer schälen und fein hacken. Mit Zwiebelmischung, Backpulver und Koriandergrün unter die Linsen mischen. Kräftig mit Salz und Pfeffer würzen.

6) Das Öl in einem hohen Topf sehr heiß werden lassen. Mit einem Löffel eine großzügige Menge vom Linsenbrei abnehmen und dann vom Löffel ins Öl streichen. Auf diese Weise den Teig in insgesamt ca. 12 Portionen ins Fett geben.

7) Kroketten 4–5 Minuten ausbacken, dabei ein paar Mal wenden, damit sie rundum schön knusprig und dunkelbraun werden. Dann mit einer Schaumkelle Kroketten aus dem Öl heben und auf einen mit Küchenpapier ausgelegten Teller zum Entfetten geben. Im Ofen bei ca. 60 Grad warm halten, bis auch der übrige Brei ausgebacken ist.

Zucchinihäppchen

Zubereitungszeit:
30 Min.
Backzeit:
35 Min.

Nährwerte pro Stück:
218 kcal / 912 kJ
9 g EW
16 g F
10 g KH

Für 15 Stück:
700 g Zucchini • 1/2 Bd. Frühlingszwiebeln • 2 Stängel Minze • Salz • 50 g Butter • 3 Eier • 75 g Gouda, frisch gerieben • 75 g Parmesan, frisch gerieben • 100 g Frischkäse • 150 ml Milch • Muskatnuss, frisch gerieben • Pfeffer • 250 g Filoteig • Minzeblättchen zum Garnieren

Zucchinihäppchen

1) Zucchini putzen, waschen und grob raspeln. Frühlingszwiebeln ebenfalls putzen, waschen und in sehr feine Ringe schneiden. Minze abbrausen, trocken schütteln und die Blättchen hacken. Minze und Zucchini vermengen und mit etwas Salz würzen.

2) Backofen auf 180 Grad vorheizen. Butter bei milder Hitze zerlassen und abkühlen lassen. Eier verschlagen und mit geriebenem Käse verrühren. Mit Frischkäse und Milch glatt rühren. Eiermasse unter die Zucchini heben und das Ganze mit etwas Muskatnuss, Salz und Pfeffer abschmecken.

3) Eine eckige ofenfeste Form (ca. 15 x 30 cm) mit Backpapier auslegen. Filoteigblätter vorsichtig voneinander lösen und mit zerlassener Butter einstreichen. Dann in die Ofenform legen, sodass der Boden gleichmäßig bedeckt ist.

4) Die Zucchini-Käse-Masse auf dem Teig glatt streichen. In den Ofen schieben und das Ganze ca. 35 Minuten backen, bis der Kuchen fest und die Oberfläche goldbraun ist. Aus dem Ofen nehmen, etwas ausdampfen lassen und in ca. 15 quadratische Würfel schneiden.

! Sie können die Zucchinihäppchen als Snack oder als Beilage zu feinen Fleischgerichten reichen.

Thai-Fischbällchen mit Dip

Zubereitungszeit:
40 Min.

Nährwerte pro Stück:
47 kcal / 197 kJ
6 g EW
2 g F
2 g KH

Für 20 Stück:

500 g Fischfilet (z. B. Kabeljau) • 1 EL rote Currypaste • 1 Ei • 2 Frühlingszwiebeln • 4 frische Kaffirlimettenblätter • 4 Stängel Koriander • 1 TL Zucker • Salz • Pflanzenöl

Für den Dip:

1 Knoblauchzehe • 1/2 Chilischote • Grün von 1 Frühlingszwiebel • 100 ml Zitronensaft, frisch gepresst • 80 ml Fischsoße

Thai-Fischbällchen mit Dip

1) Fischfilet waschen und trocken tupfen. Dann bei Bedarf von Gräten befreien, Filet in Stücke schneiden und im Mixer zerkleinern, bis es in etwa die Konsistenz von Hackfleisch besitzt. Currypaste untermischen und das Ei hinzufügen. Alles vermengen, bis sich eine homogene Masse bildet.

2) Frühlingszwiebeln waschen, putzen und fein hacken. Kaffirlimettenblätter fein hacken. Koriander abbrausen, trocken schütteln und ebenfalls fein hacken.

3) Die Fischmasse mit Frühlingszwiebeln, Kaffirlimettenblättern, Koriander, Zucker und etwas Salz gründlich vermischen. Aus der Masse ca. 20 Bällchen mit 2 cm Durchmesser formen. Im Kühlschrank in 20 Minuten fest werden lassen.

4) In der Zwischenzeit für den Dip Knoblauch abziehen und fein hacken. Chilischote und Frühlingszwiebelgrün putzen und beides fein schneiden. Mit Zitronensaft und Fischsoße in einem Schälchen vermengen.

5) 5-6 EL Öl in einer Pfanne erhitzen. Fischbällchen hineingeben und von beiden Seiten darin goldbraun braten. Mit einer Schaumkelle herausheben und auf Küchenpapier entfetten lassen. Dann mit dem Dip anrichten und servieren.

Seelachs im Reisblatt mit Chili-Joghurt-Soße

Zubereitungszeit:
45 Min.

Nährwerte pro Stück:
135 kcal / 565 kJ
7 g EW
4 g F
18 g KH

33

Für 20 Stück:
500 g Seelachsfilet • Salz • 2 TL Zitronencurrypulver • 2 EL Mehl • 1 Päckchen getrocknete Reisblätter (10 Stück) • 40 Korianderblättchen • Pflanzenfett zum Frittieren (z. B. von Biskin) • 150 g Naturjoghurt • 1 EL Sonnenblumenöl • 1 Knoblauchzehe • 1 kleines Stück frischer Ingwer (ca. 2 cm) • je 1/4 TL gemahlener Kreuzkümmel und Korianderpulver • 1 TL Sambal Manis • 3 EL Petersilie, frisch gehackt • Pfeffer aus der Mühle

Seelachs im Reisblatt mit Chili-Joghurt-Soße

1) Das Seelachsfilet kalt abspülen, trocken tupfen und in 20 gleich große Stücke schneiden. 1 TL Salz und Zitronencurrypulver mischen und die Fischstücke gleichmäßig damit bestreuen.

2) Das Mehl mit 2 EL Wasser verrühren. Die Reisblätter halbieren, in einer Schüssel mit warmem Wasser einweichen und auf Küchenpapier auslegen. Backofen auf 70 Grad vorheizen. Ein Backblech mit einer doppelten Lage Küchenpapier auslegen.

3) Jeweils 1 Korianderblättchen in der Mitte eines Reisblattes platzieren, darauf 1 Stück Seelachs sowie 1 weiteres Korianderblatt legen. Das untere Ende des Reisblattes über den Fisch klappen, die seitlichen Ränder nach innen einschlagen und dann das Reisblatt aufrollen. Die Nahtstelle andrücken und mit der Mehl-Wasser-Mischung bestreichen. Mit den übrigen Zutaten ebenso verfahren, bis alles verbraucht ist.

4) Die Fischpäckchen portionsweise im 170 Grad heißen Pflanzenfett 2–3 Minuten ausbacken, dabei einmal wenden. Mit einer Schaumkelle aus dem Fett nehmen, im Backofen entfetten lassen und warm halten, bis alles frittiert ist.

5) Für die Soße Joghurt mit Sonnenblumenöl glatt rühren. Knoblauch und Ingwer schälen, fein hacken und zum Joghurt geben. Die Soße mit Kreuzkümmel, Korianderpulver, Sambal Manis, Petersilie, etwas Salz und Pfeffer kräftig abschmecken.

6) Fischpäckchen mit der Nahtseite nach unten auf einer vorgewärmten Platte anrichten und zusammen mit der Soße servieren.

Garnelen im Teigmantel

Zubereitungszeit:
40 Min.

Nährwerte pro Stück:
97 kcal / 406 kJ
5 g EW
4 g F
9 g KH

Für 20 Stück:

2 EL Meersalz
2 Lorbeerblätter
20 Garnelen
Für den Teig:
250 g Mehl
1 TL Backpulver
2 Eier
1 TL Salz
2 EL Olivenöl
150 ml Milch
Pflanzenöl zum Frittieren

Garnelen im Teigmantel

1) In einem großen Topf 2 l Wasser mit Meersalz und Lorbeerblättern erhitzen. Sobald es kocht, die Garnelen für maximal 2 Minuten hineingeben; sie sollen nur halb gegart werden. Dann die Garnelen abgießen, eiskalt abschrecken und in einem Küchensieb abtropfen lassen. Danach Kopf und Schale, nicht aber den Schwanz entfernen.

2) Für den Teig das Mehl mit dem Backpulver mischen und das Ganze in eine Rührschüssel sieben. Eier, Salz, Olivenöl und Milch hinzufügen und die Mischung zu einem geschmeidigen Teig verrühren.

3) Reichlich Öl in einer Fritteuse erhitzen. Die Garnelen am Schwanz nehmen, durch den Teig ziehen und dann sofort im heißen Öl frittieren. Danach mit einer Schaumkelle herausheben und auf reichlich Küchenpapier entfetten lassen.

!

Das Frittieröl darf nicht zu heiß sein, damit das Innere garen kann, ohne dass das Äußere zu dunkel wird. Die Frittierzeit hängt von der Größe der Garnelen ab.
Reichen Sie hierzu eine süßsaure Soße oder auch eine süßliche Chilisoße.

Rösti mit Thunfischtatar

Zubereitungszeit:
45 Min.

Nährwerte pro Person:
460 kcal / 1925 kJ
27 g EW
33 g F
14 g KH

35

Für 4 Personen:
300 g frisches Thunfischfilet • 2 rote Zwiebeln • 4 Stängel Minze • 4 TL Meerrettich (Glas) • 1 TL abgeriebene Limettenschale (unbehandelt) • 2 TL Limettensaft, frisch gepresst • Salz • Pfeffer • 200 g Kartoffeln • 300 g Knollensellerie • 160 g Lauch • 2 Eier • 2 Eiweiß • 4 EL Olivenöl • 100 g Crème légère

Rösti mit Thunfischtatar

1) Den Thunfisch kalt abspülen, trocken tupfen und in kleine Würfel schneiden. Zwiebeln abziehen und fein würfeln. Die Minze waschen, trocken schütteln und Blättchen hacken. Thunfisch, Zwiebeln, Minze, Meerrettich, Limettenschale und Limettensaft vermengen. Das Tatar mit Salz und Pfeffer würzen.

2) Kartoffeln sowie Sellerie schälen, waschen und fein raspeln. Lauch putzen, waschen und in feine Streifen schneiden. Kartoffeln, Sellerie und Lauch mit Ei und Eiweiß vermischen. Masse mit Salz und Pfeffer würzen.

3) Das Öl in einer beschichteten Pfanne erhitzen. Kartoffelmasse esslöffelweise hineingeben und flach drücken. Puffer auf jeder Seite bei milder Hitze ca. 3 Minuten goldbraun braten. Im Backofen bei 80 Grad warm stellen.

4) Rösti auf einer Servierplatte anrichten und Thunfischtatar darauf verteilen. Nach Geschmack jeweils 1 Klecks Crème légère daraufgeben oder seperat dazu reichen.

!

Für Tatar eignet sich neben Thunfisch auch sehr frisches Schwertfisch- oder Heilbuttfilet.

Räucherlachsröllchen

Zubereitungszeit:
20 Min.

Nährwerte pro Stück:
145 kcal / 607 kJ
11 g EW
7 g F
10 g KH

Für 8 Stück:
80 g Frischkäse (5 % Fett)
Salz
Pfeffer aus der Mühle
Currypulver
300 g Salatgurke
1 Bd. Dill
8 große Scheiben Räucherlachs (ca. 250 g)
4 Scheiben Vollkornbrot

Räucherlachsröllchen

1) Den Frischkäse in einer kleinen Schüssel cremig rühren. Mit Salz, frisch gemahlenem Pfeffer und Currypulver abschmecken.

2) Gurke waschen, schälen und längs halbieren. Kerne mit einem Teelöffel herausschaben. Die Gurke grob reiben und die Raspel in einem Sieb leicht ausdrücken. Dill waschen, trocken schütteln und fein schneiden.

3) Räucherlachsscheiben einzeln auf jeweils ein Stück Frischhaltefolie legen und mit der Frischkäsecreme bestreichen. Mit Gurkenraspeln und Dill bestreuen. Lachs mithilfe der Folie aufrollen.

4) Lachs vorsichtig aus der Folie lösen. Vollkornbrot nach Belieben im Toaster rösten und dann halbieren. Räucherlachsröllchen daraufsetzen und das Ganze auf einer Servierplatte anrichten.

!

Nach Belieben können die Vollkornbrotscheiben noch mit etwas Frischkäse bestrichen und mit frisch gehacktem Dill bestreut werden, bevor man die Lachsröllchen daraufsetzt.

Crab Cakes mit Aioli

Zubereitungszeit:
40 Min.

Nährwerte pro Stück:
257 kcal / 1075 kJ
13 g EW
23 g F
15 g KH

Für 8 Stück:

Für die Crab Cakes:
250 g gegarte Tiefseegarnelen ohne Schale • 1 Zwiebel • 1 Ei • 2 TL Dijonsenf • 1 EL Mayonnaise • 1 Msp. abgeriebene Schale von 1 Limette (unbehandelt) • 40 g Paniermehl • Salz • Pfeffer • 1 kleines Bd. Schnittlauch • 4 EL Öl zum Braten

Für die Aioli:
1 Eigelb • Saft von 1 Limette • 2–3 Knoblauchzehen • 100 ml Öl • Salz • Pfeffer • 30 g getrocknete Cranberrys

Crab Cakes mit Aioli

1) Garnelen kalt abbrausen, trocken tupfen und 4 Stück beiseitelegen. Den Rest klein schneiden. Zwiebel schälen und in feine Würfel schneiden.

2) Zwiebel schälen und grob zerkleinern, das Ei verquirlen. Klein geschnittene Garnelenstücke mit Zwiebel, Senf, Mayonnaise, Ei und Limettenschale in einen Standmixer geben und das Ganze pürieren. Paniermehl unter die Masse rühren. Mit Salz und Pfeffer würzen.

3) Schnittlauch abbrausen, trocken schütteln und fein schneiden. Etwas für die Aioli beiseitelegen und den Rest unter die Garnelenmasse mengen. Danach kühl stellen.

4) Für die Aioli Eigelb mit Limettensaft in einem hohen Rührbecher glatt rühren. Knoblauchzehen schälen und dazupressen. Nach und nach mit dem Pürierstab das Öl unterschlagen. Mit Salz und Pfeffer würzen. Cranberrys nach Wunsch grob hacken und mit beiseitegelegten Schnittlauchröllchen unterrühren.

5) Aus der Garnelenmasse 8 kleine Küchlein mit 7–8 cm Durchmesser formen. Die beiseitegelegten Garnelen waagerecht halbieren und in jedes Küchlein eine halbe Garnele drücken.

6) Das Öl in einer beschichteten Pfanne erhitzen und die Küchlein im heißen Fett rundum goldbraun backen. Anschließend auf Küchenpapier entfetten lassen und dann mit der Aioli anrichten.

Eier mit Krabben

Zubereitungszeit:
20 Min.

Nährwerte pro Stück:
72 kcal / 301 kJ
6 g EW
5 g F
1 g KH

Für 16 Stück:

8 Eier
Salz
Pfeffer aus der Mühle
200 g Nordseekrabben
6 Stängel Dill
1-2 EL Mayonnaise
1 EL Zitronensaft
Dillfähnchen zum Garnieren

Eier mit Krabben

1) Die Eier an der stumpfen Seite anstechen. In einen Topf mit ausreichend Wasser geben und in ca. 10 Minuten hart kochen. Anschließend kalt abschrecken und schälen. Dann die Eier der Länge nach jeweils halbieren. Salzen und pfeffern.

2) Die Krabben unter fließendem kaltem Wasser abspülen, in einem Sieb abtropfen lassen und mit Küchenpapier trocken tupfen. Dill abbrausen, trocken schütteln und ohne die groben Stielenden fein hacken.

3) Krabben in eine Schüssel geben und mit Mayonnaise, Zitronensaft und gehacktem Dill mischen. Dann mit Salz und Pfeffer abschmecken.

4) Jeweils 1 EL Krabbenmischung auf jede Eierhälfte geben. Die Eier mit Krabben auf einer Servierplatte anrichten und mit Dillfähnchen garniert servieren.

! Zu den Eiern mit Krabben passen Pumpernickelscheiben oder auch Salzgebäck.

Jakobsmuschel-Zitronengras-Spieße

Zubereitungszeit:
30 Min.

Nährwerte pro Spieß:
55 kcal / 230 kJ
5 g EW
2 g F
4 g KH

Für 16 Spieße:

16 dünne Stiele Zitronengras
2 Kaffirlimettenblätter
2 reife Birnen
8 Scheiben Parmaschinken
16 ausgelöste Jakobsmuscheln
Salz
Pfeffer aus der Mühle
40 g Butter

Jakobsmuschel-Zitronengras-Spieße

1) Zitronengras und Kaffirlimettenblätter heiß waschen und trocken tupfen. Stielenden vom Zitronengras spitz zuschneiden. Birnen waschen, trocken reiben und jeweils in 8 dünne Spalten schneiden, dabei das Kerngehäuse entfernen.

2) Parmaschinken längs halbieren. Jakobsmuscheln kalt abspülen, mit Küchenpapier trocken tupfen und jeweils mit 1 Schinkenscheibenhälfte umwickeln.

3) Je 1 mit Schinken umwickelte Jakobsmuschel mit 1 Birnenspalte auf jeden Zitronengrasspieß stecken. Die Spieße ganz leicht salzen und etwas pfeffern.

4) Die Butter in einer Pfanne aufschäumen und die Kaffirlimettenblätter darin 5–10 Minuten anbraten. Die Spieße mit der Butter beträufeln und in einer heißen Grillpfanne 8–10 Minuten von beiden Seiten braten.

!

Kaffirlimettenblätter haben ein intensives Zitrusaroma und werden in soßigen oder suppenartigen Speisen mitgekocht. Man gibt sie im Ganzen oder in feine Streifen geschnitten zu; ganze Blätter müssen vor dem Essen entfernt werden. Wer die Blätter nicht bekommt, kann auch abgeriebene Zitronenschale verwenden.

Reiswürfelspieße

Zubereitungszeit:
25 Min.
Backzeit:
25 Min.

Nährwerte pro Stück:
53 kcal / 222 kJ
3 g EW
3 g F
3 g KH

Für 45 Stück:
250 g vorgegarter Basmatireis (z. B. 1-2-Reis von reis-fit) • 450 g gemischtes Hackfleisch • 1 große Zwiebel • 1 Knoblauchzehe • 1 Ei • 1 TL getrockneter Majoran • Salz • schwarzer Pfeffer • 60 g Kapern, abgetropft • 100 g Emmentaler, gerieben • Öl für die Form • 2 EL Paniermehl • 250 g Cocktailtomaten • 20 entsteinte schwarze Oliven • frische Majoran- oder Basilikumblättchen

Reiswürfelspieße

1) Den Backofen auf 220 Grad vorheizen. Reis nach Packungsanweisung garen und anschließend abkühlen lassen.

2) Das Hackfleisch in eine große Schüssel geben. Zwiebel und Knoblauch schälen, dann beides fein würfeln. Zusammen mit dem Ei zum Fleisch geben. Mit Majoran, Salz sowie Pfeffer würzen und alles gut miteinander verkneten.

3) Die Kapern, den geriebenen Käse und den Reis unter das Hackfleisch mengen. Eine rechteckige Backform von ca. 20 x 24 cm fetten, den Reis-Fleisch-Teig einfüllen, glatt streichen und mit Paniermehl bestreuen. In den heißen Backofen schieben und darin ca. 25 Minuten backen.

4) Die Form aus dem Ofen nehmen. Abkühlen lassen und den gebackenen Reis dann in ca. 3 cm große Würfel schneiden.

5) Die Hälfte der Würfel mit gewaschenen Cocktailtomaten, die restlichen Würfel mit Oliven auf Spießchen oder Zahnstocher stecken. Jeden Spieß mit 1 Kräuterblättchen garnieren.

!

Als Dip passt zu den Reiswürfelspießen beispielsweise eine sauerscharfe oder eine süßsaure Chilisoße.

Karamellisierte Lammköfte mit Minzjoghurt

Zubereitungszeit:
30 Min.

Nährwerte pro Stück:
183 kcal / 766 kJ
26 g EW
7 g F
5 g KH

Für 12 Stück:

Für den Minzjoghurt:

6 Stängel frische Minze • 300 g Vollmilchjoghurt • Salz

Für die Köfte:

4 Knoblauchzehen • 8 Stängel glatte Petersilie • 1 kg Lammhackfleisch • 1 Ei • 1 TL gemahlener Koriander • 1 TL Cumin • 1 Msp. Chilipulver oder Cayennepfeffer • 1 TL Paprikapulver edelsüß • Salz • Pfeffer • Olivenöl zum Braten • 4 EL flüssiger Honig

Karamellisierte Lammköfte mit Minzjoghurt

1) Für den Minzjoghurt Minze abbrausen, trocken schütteln und hacken. Mit dem Joghurt vermengen. Abgedeckt bis zum Servieren ziehen lassen. Danach mit Salz abschmecken.

2) In der Zwischenzeit Knoblauchzehen abziehen und fein hacken. Petersilie abbrausen, trocken schütteln und ohne grobe Stielenden fein hacken.

3) Hackfleisch in eine Schale geben und mit Knoblauch, Petersilie und Ei verkneten. Mit Koriander, Cumin, Chili oder Cayennepfeffer, Paprika, Salz und Pfeffer kräftig würzen. Aus der Fleischmasse ca. 12 längliche Würste formen und auf Schaschlikspieße stecken.

4) Olivenöl in einer Pfanne erhitzen und Spieße darin ca. 10 Minuten von allen Seiten braten. In den letzten 2 Minuten das Fleisch mit Honig bepinseln und in der Pfanne karamellisieren lassen.

5) Karamellisierte Lammköfte warm servieren. Den Minzjoghurt dazu reichen.

!

Falls Sie das Rezept als kaltes Fingerfood vorbereiten, nehmen Sie statt Lamm- lieber Rinderhack. Lammfleisch wird, wenn es kalt ist, sonst zu fest.

Amuse-Bouches mit Feigen, Walnüssen und Parmaschinken

Zubereitungszeit:
20 Min.

Nährwerte pro Stück:
49 kcal / 205 kJ
2 g EW
4 g F
2 g KH

Für 32 Stück:
32 Walnusskernhälften (ca. 100 g)
3 Feigen
4 TL Balsamico-Essig
16 dünne Scheiben Parmaschinken (ca. 125 g)
100 g Gorgonzola
Baguette als Beilage

Amuse-Bouches mit Feigen, Walnüssen und Parmaschinken

1) Walnusskerne ohne Fett in einer Pfanne rösten, bis sie duften. Anschließend zum Auskühlen auf einen Teller geben.

2) Feigen putzen, waschen, trocken tupfen und vierteln. Fruchtfleisch mit Balsamico-Essig beträufeln.

3) Parmaschinkenscheiben längs halbieren und jeweils locker aufgerollt auf einer Servierplatte verteilen. Die Feigenviertel dekorativ darauf anrichten.

4) Gorgonzola in Stückchen teilen und über die Feigen streuen. Auf jedes Feigenviertel 1 Walnusskernhälfte geben. Baguette als Beilage reichen.

!

Parmaschinken ist ein luftgetrockneter Schinken aus der italienischen Provinz Parma südwestlich von Bologna. Er wird hauchdünn aufgeschnitten und klassisch mit Melonenspalten oder anderen Früchten als Vorspeise serviert.

Datteln im Speckmantel

Zubereitungszeit:
15 Min.

Nährwerte pro Person:
821 kcal / 3435 kJ
8 g EW
72 g F
37 g KH

Für 4 Personen:
20 Datteln
20 Walnusskernhälften
20 Scheiben durchwachsener Speck
4 EL Öl

Datteln im Speckmantel

1) Datteln aufschneiden. Dabei unbedingt darauf achten, dass man die Früchte nicht auseinanderschneidet. Den Kern entfernen und jeweils 1 Walnusskernhälfte in die Datteln geben.

2) Jede Dattel mit jeweils 1 Scheibe Speck umwickeln. Bei Bedarf das Ganze mit Holzspießchen fixieren.

3) Die Datteln mit Öl bestreichen. In eine heiße Pfanne geben und rundum knusprig grillen. Warm oder kalt servieren.

!

Schmeckt auch gut: 12 kleine Feigen waschen, trocken tupfen und an der Oberseite kreuzweise einschneiden. Jeweils 1 kleines Stück schnittfesten Ziegenkäse hineindrücken und jede Feige mit einer Scheibe Parmaschinken umwickeln, bei Bedarf mit Holzspießchen fixieren. Mit etwas Öl bepinseln und in der heißen Pfanne knusprig grillen.

Tortillahappen mit Serranoschinken

Zubereitungszeit:
55 Min.

Nährwerte pro Person:
448 kcal / 1874 kJ
27 g EW
2 g F
1 g KH

Für 4 Personen:

400 g vorwiegend festkochende Kartoffeln • 120 g kleine Zwiebeln • 4 Knoblauchzehen • 1/2 Bd. glatte Petersilie • 250 g Serranoschinken, dünn aufgeschnitten • 4 EL Butterschmalz (z. B. von Butaris) • Salz • Pfeffer aus der Mühle • 1/2 TL Paprikapulver rosenscharf • 6 Eier • 2–3 EL entsteinte grüne Oliven, in Scheiben geschnitten

Tortillahappen mit Serranoschinken

1) Die Kartoffeln schälen, waschen und in dünne Scheiben schneiden. Zwiebeln schälen, halbieren und in feine Halbringe schneiden. Knoblauch schälen und fein würfeln.

2) Petersilie waschen, trocken schütteln und ohne grobe Stielenden fein hacken. Serranoschinken pro Scheibe in 4–5 grobe Stücke schneiden.

3) In einer großen Pfanne 2 EL Butterschmalz erhitzen. Kartoffelscheiben zugeben und bei mittlerer Hitze unter Wenden ca. 5 Minuten braten. Zwiebeln und Knoblauch zugeben und 5–10 Minuten mitbraten, bis die Kartoffeln fast weich sind. Bei Bedarf noch etwas Butterschmalz zugeben. Petersilie untermischen und alles in eine Schüssel füllen.

4) 1/2 EL Butterschmalz in die Pfanne geben und den Schinken darin leicht knusprig braten. Schinken zu den Kartoffeln geben und alles mit Salz, Pfeffer sowie Paprikapulver abschmecken. Die Eier verquirlen, leicht salzen und unter die Kartoffeln mischen.

5) Pfanne mit Küchenpapier auswischen. Übriges Butterschmalz darin erhitzen und die Kartoffelmasse hineingeben. Olivenscheiben obenauf geben. Masse mit dem Pfannenwender leicht andrücken und bei schwacher Hitze ca. 8 Minuten braten.

6) Die Tortilla wenden und weitere 5 Minuten braten. Anschließend ein wenig abkühlen lassen und vor dem Servieren in mundgerechte Würfel schneiden.

Mini-Schnitzel mit Tomaten-Chili-Dip

Zubereitungszeit:
35 Min.

Nährwerte pro Stück:
100 kcal / 418 kJ
4 g EW
4 g F
1[illegible] g KH

Für 16 Stück:

Für die Schnitzel:
500 g Schweinefilet • 1 Knoblauchzehe • 2 TL Kräutersenf • 1 TL Chilipulver • Salz • Pfeffer • 5 EL Mehl • 5 EL Paniermehl • 2 TL Sesam • 1 Ei • 4 EL Öl

Für den Dip:
1 Chilischote • 200 g passierte Tomaten • 2 EL Himbeermarmelade • 1 EL Zucker • 1 EL Joghurt • 1 EL Paprikamark • 1 Tomate

Mini-Schnitzel mit Tomaten-Chili-Dip

1) Für die Schnitzel Fleisch waschen, trocken tupfen und in 16 dünne Scheiben schneiden. Knoblauch schälen und zerdrücken. Mit Senf, Chilipulver, Salz sowie Pfeffer mischen, Schnitzel damit einstreichen und ca. 30 Minuten marinieren.

2) Für den Dip Chilischote halbieren, Kerne entfernen und Chili fein hacken. Passierte Tomaten mit Chilischote, Marmelade, Zucker, Joghurt und Paprikamark pürieren.

3) Tomate waschen, vierteln, Kerne entfernen und das Fruchtfleisch in Würfel schneiden. Dann die Tomatenwürfel unter den Dip rühren.

4) Das Mehl auf einen Teller geben. Paniermehl mit Sesam auf einem weiteren Teller mischen, das Ei in einem dritten Teller verquirlen. Schnitzel nacheinander in Mehl, Ei und Paniermehl wenden.

5) Das Öl in einer Pfanne erhitzen. Schnitzel darin von beiden Seiten goldbraun braten und anschließend abkühlen lassen. Zusammen mit dem Tomaten-Chili-Dip servieren.

! Besonders praktisch, um die Mini-Schnitzel als Fingerfood zu servieren, sind kleine Holzspieße.

Geflügelhackfleischspieße

Zubereitungszeit:
25 Min.
Garzeit:
25 Min.

Nährwerte pro Spieß:
75 kcal / 314 kJ
9 g EW
3 g F
3 g KH

Für 12 Spieße:

2 größere Hähnchenbrustfilets (ca. 500 g)
Salz
2 rote Chilischoten
2 EL Chilisoße (Glas)
6 Stiele Zitronengras
Öl für die Folie
4 Stängel Koriander
Saft von 4 Limetten
Pfeffer aus der Mühle

Geflügelhackfleischspieße

1) Den Backofen auf 180 Grad vorheizen. Hähnchenbrustfilets kalt abbrausen, mit Küchenpapier gut trocken tupfen und klein schneiden. Das Fleisch mit 1/2 TL Salz in die Küchenmaschine geben und fein zerkleinern oder durch den Fleischwolf drehen.

2) Chilis waschen, nach Wunsch entkernen und fein schneiden, dann mit der Chilisoße unter das Fleisch mengen. Zitronengrasstiele waschen, trocken tupfen und längs halbieren.

3) 12 ovale Fleischbällchen formen und je 1/2 Stiel Zitronengras hineinstecken. Ein leicht geöltes Stück Alufolie auf ein Backblech legen, die Geflügelhackfleischspieße darauflegen und in den heißen Backofen schieben. Auf der mittleren Schiene 20–25 Minuten braten. Dabei mindestens einmal wenden.

4) Koriander abbrausen, trocken schütteln und die Blättchen hacken. Für die Soße Limettensaft, etwas Salz, frisch gemahlenen Pfeffer und gehackten Koriander in eine Schüssel geben. Das Ganze miteinander verrühren.

5) Hähnchen-Zitronengras-Spieße auf einer Servierplatte anrichten und die Soße in einem Schälchen dazu reichen. Die Spieße noch warm servieren.

Hackfleischbällchen mit Minzedip

Zubereitungszeit:
25 Min.
Garzeit:
15 Min.

Nährwerte pro Person:
261 kcal / 1094 kJ
25 g EW
25 g F
7 g KH

Für 4 Personen:

Für die Hackfleischbällchen:
500 g Hackfleisch • 5 EL Teriyaki Marinade & Sauce • 1 Stück frischer Ingwer (ca. 2 cm) • 3 Sardellenfilets • 1 EL Kapern • 2 EL Paniermehl • gemahlener Kreuzkümmel

Für den Minzedip:
80 g Crème fraîche • 100 g Joghurt • Salz • 2 Zweige frische Minze

Hackfleischbällchen mit Minzedip

1) Hackfleisch gründlich mit Teriyaki verkneten und in 2 Portionen teilen. Ingwer schälen und fein reiben, Sardellenfilets und Kapern hacken. Paniermehl in 2–3 EL Wasser einweichen. Backofen auf 180 Grad vorheizen.

2) Eine Hälfte des Hackfleisches mit der Hälfte des Paniermehls und dem Ingwer verkneten. Mit Kreuzkümmel würzen. Das übrige Hackfleisch mit Sardellenfilets, Kapern und dem restlichen Paniermehl vermengen.

3) Aus dem Teig kleine, walnussgroße Bällchen formen, auf ein mit Backpapier belegtes Backblech legen und ca. 15 Minuten im vorgeheizten Ofen garen. Anschließend aus dem Ofen nehmen und auf dem Blech auskühlen lassen.

4) Für den Dip Crème fraîche und Joghurt verrühren und mit Salz abschmecken. Minze waschen, trocken tupfen, die Blättchen fein hacken und unterrühren. Den Dip zu den Hackfleischbällchen servieren.

! Falls Sie keine frische Minze bekommen, können Sie den Dip auch mit Schnittlauchröllchen verfeinern.

Italienische Chickennuggets mit Basilikumdip

Zubereitungszeit:
35 Min.

Nährwerte pro Person:
467 kcal / 1954 kJ
45 g EW
24 g F
18 g KH

Für 4 Personen:
2 Schalotten • 2 Knoblauchzehen • 1 Bd. Basilikum • 600 g Dickmilch • 2 EL Zitronensaft • 3 TL abgeriebene Zitronenschale (unbehandelt) • Salz • Pfeffer aus der Mühle • 600 g Hähnchenbrustfilet • 60 g Vollkornbrot • 40 g Parmesan • 2 Eiweiß • 4 EL Olivenöl

Italienische Chickennuggets mit Basilikumdip

1) Schalotten und Knoblauch abziehen. Schalotten fein würfeln, Knoblauch durch die Presse drücken. Basilikum waschen, trocken schütteln, die Blättchen abzupfen und fein hacken.

2) Dickmilch, Schalotten, Knoblauch, Basilikum, Zitronensaft und 2 TL Zitronenschale gut verrühren. Den Dip mit Salz und Pfeffer abschmecken.

3) Hähnchenfilet kalt abspülen, trocken tupfen, in ca. 2 cm dicke Scheiben schneiden und mit Salz und Pfeffer würzen. Das Brot fein hacken oder zerkrümeln. Parmesan reiben. Brotkrümel, Parmesan und restliche Zitronenschale auf einem Teller mischen. Eiweiß in einem zweiten Teller verquirlen.

4) Die Hähnchenfiletstücke erst im verquirlten Eiweiß, dann in der Brotmischung wenden. Die Panade fest andrücken. Öl in einer beschichteten Pfanne erhitzen und die Chickennuggets darin von allen Seiten bei mittlerer Hitze goldbraun braten. Zum Entfetten auf Küchenpapier legen und dann mit dem Dip servieren.

!

Chickennuggets schmecken auch kalt sehr gut und passen daher bestens auf jedes Partybuffet. Bereiten Sie einfach die doppelte Menge zu und reichen Sie zum Dip auch frisches Ciabattabrot.

Hähnchen-Nuss-Nuggets

Zubereitungszeit:
30 Min.
Marinierzeit:
3 Std.

Nährwerte pro Stück:
240 kcal / 1004 kJ
14 g EW
20 g F
3 g KH

Für 12 Stück:

100 g Walnusskerne
50 g Haselnusskerne
50 g Pinienkerne
100 g Butter
600 g Hähnchenbrustfilet
1 EL Honig
3 EL grober Senf
Salz
Pfeffer

Hähnchen-Nuss-Nuggets

1) Walnüsse, Haselnüsse und Pinienkerne hacken und vermischen. Mit Butter in einen Topf geben und diese bei mittlerer Hitze schmelzen lassen. Durch ein Sieb gießen und die Butter anschließend vorsichtig weiter erhitzen, bis sie nussfarben wird. Die Nüsse und Pinienkerne beiseitestellen.

2) Hühnerbrustfilet kalt abbrausen und trocken tupfen. Dann in 12 Teile schneiden. Honig, Senf und Nussbutter in einer Schüssel verrühren. Die Hühnerteile hineingeben und dann im Kühlschrank ca. 3 Stunden zugedeckt marinieren.

3) Den Backofen auf 180 Grad vorheizen. Hühnerteile mit Salz sowie Pfeffer würzen, dann in der Nussmischung wälzen. Auf ein mit Backpapier ausgelegtes Blech legen.

4) Die Hähnchennuggets in den Ofen schieben und ca. 12 Minuten backen. Zum Servieren auf einer Servierplatte anrichten und in jedes Stück einen Zahnstocher stecken.

!

Hierzu passt beispielsweise ein Currydip. Dafür 250 g Joghurt mit 100 g Crème fraîche, 1 TL Curry, etwas Chilipulver, Salz und schwarzem Pfeffer glatt rühren. Nach Geschmack noch mit ein wenig Kardamom, Zimt und Cumin abschmecken.

Gefüllte Hackfleischbällchen

Zubereitungszeit:
35 Min.
Ruhezeit:
30 Min.

Nährwerte pro Stück:
117 kcal / 490 kJ
8 g EW
9 g F
1 g KH

Für 16 Stück:

1 kleine Zwiebel
2 Knoblauchzehen
150 g Fetakäse
500 g gemischtes Hackfleisch
2 Eier
Salz
Pfeffer aus der Mühle
1 TL getrockneter Oregano
1 TL Paprikapulver rosenscharf
40 g Butterschmalz (z. B. von Butaris)
1 Bd. krause Petersilie

Gefüllte Hackfleischbällchen

1) Zwiebel und Knoblauchzehen schälen und sehr fein würfeln. Feta in ca. 1 cm große Würfel schneiden.

2) Das Hackfleisch, Zwiebel- und Knoblauchwürfel sowie die Eier in eine Rührschüssel geben und alles gründlich vermischen. Das Ganze mit Salz, frisch gemahlenem Pfeffer, Oregano sowie Paprikapulver kräftig würzen.

3) Mit einem Teelöffel von dem Hackfleischteig ca. 16 Portionen abstechen. Diese flach drücken und jeweils mit 1–2 Stückchen Feta belegen. Dann den Hackteig zu Kugeln formen. 30 Minuten im Kühlschrank ziehen lassen.

4) Butterschmalz in einer Pfanne erhitzen und die Hackfleischbällchen darin – gegebenenfalls portionsweise – rundherum bei mittlerer bis starker Hitze braten. Danach herausnehmen und auskühlen lassen.

5) Krause Petersilie kalt abbrausen, trocken schütteln und eine Servierplatte damit belegen. Die gefüllten Hackbällchen darauf anrichten und dann servieren.

! Hierzu passt griechisches Zaziki, Joghurt mit geraspelter Gurke und Knoblauch.

Tikka-Geflügelfrikadellen

Zubereitungszeit:
45 Min.

Nährwerte pro Stück:
137 kcal / 573 kJ
9 g EW
5 g F
1 g KH

Für 16 Stück:
500 g Hähnchenbrustfilet • 2 Scheiben Toastbrot • 440 g Joghurt • 1 Knoblauchzehe • 1 Chilischote • 4 Stängel Koriander • 1 Stück Ingwer (ca. 2 cm) • 1 Msp. Kurkuma • 1 Ei • Salz • Paniermehl nach Bedarf • Öl zum Braten • 2 dünne Fladenbrote • 1 Bd. Minze • 1–2 EL Zitronensaft • Pfeffer aus der Mühle • 16 dünne Gurkenscheiben

Tikka-Geflügelfrikadellen

1) Hähnchenbrustfilet waschen und trocken tupfen. Dann sehr fein hacken oder durch den Fleischwolf drehen. Toastbrotscheiben zerbröckeln und mit 40 g Joghurt vermengen.

2) Knoblauchzehe schälen und fein hacken. Chilischote ebenfalls fein hacken. Koriander kalt abbrausen, trocken schütteln und fein hacken. Ingwer schälen und fein reiben. Knoblauch, Chili, Koriander und Ingwer mit Kurkuma und zerbröckeltem Toast unter das Hähnchenfleisch mengen. Ei unterkneten.

3) Das Ganze mit Salz würzen. Sollte die Masse zu weich werden, noch etwas Paniermehl untermengen. Daraus dann ca. 16 kleine Frikadellen formen. Öl in einer Pfanne erhitzen und die Frikadellen darin von jeder Seite ca. 2 Minuten goldbraun braten. Anschließend warm halten.

4) Die Fladenbrote entweder kurz im Ofen aufbacken oder in einer Pfanne braten. Dann jeweils in 8 Stücke teilen. Minze abbrausen, trocken schütteln und Blättchen fein hacken. Mit übrigem Joghurt und Zitronensaft vermengen. Mit Salz und Pfeffer abschmecken.

5) Zum Anrichten je 1 Gurkenscheibe mit einem Zahnstocher auf eine Frikadelle stecken und auf einem Brotstück anrichten. Dazu die Joghurtsoße zum Dippen in kleinen Schälchen reichen.

Fruchtige Mandeltaschen

Zubereitungszeit:
45 Min.

Nährwerte pro Stück:
157 kcal / 657 kJ
4 g EW
10 g F
14 g KH

Für 16 Stück:
150 g fein gehackte Mandeln
Saft von 2 Zitronen
3 säuerliche grüne Äpfel (z. B. Granny Smith)
1-2 EL Butter
3 EL Brandy oder Apfelsaft
1 1/2 EL Fünf-Gewürze-Pulver
1/2 EL Vanilleextrakt
16 Wan-Tan-Teigplatten (Asialaden)
Öl zum Frittieren

Fruchtige Mandeltaschen

1) Mandeln in einer Pfanne ohne Fett bei mittlerer Hitze rösten, bis sie goldbraun sind und duften. Anschließend beiseitestellen.

2) Zitronensaft in eine große Schüssel geben. Äpfel schälen, vierteln, entkernen und in kleine Stücke schneiden. In den Zitronensaft legen und gleichmäßig bedecken, damit sie nicht braun werden. Danach den Zitronensaft abgießen.

3) Butter in einer Pfanne schmelzen. Mandeln sowie Äpfel hinzugeben und 4 Minuten köcheln lassen, bis die Äpfel anfangen, braun zu werden. Brandy oder Apfelsaft hinzufügen und weiterkochen, bis die Flüssigkeit größtenteils verdampft ist. Dann die Pfanne vom Herd nehmen, langsam abkühlen lassen und das Fünf-Gewürze-Pulver sowie das Vanilleextrakt unterrühren.

4) Eine kleine Schale mit etwas Wasser füllen. Eine Wan-Tan-Teigplatte auf einen Teller oder eine saubere, glatte Fläche legen und ca. 1 TL der Mandel-Apfel-Füllung in die Mitte des Teigs geben.

5) Einen Finger in das Wasser eintauchen und die Ränder der Wan-Tan-Teigplatte befeuchten. In der Mitte zusammenklappen, das Teigpäckchen vorsichtig zusammendrücken und an den Rändern versiegeln. Unter einem feuchten Papiertuch aufbewahren. Restliche Teigplatten auf die gleiche Weise verarbeiten.

6) Öl in einem hohen Topf erhitzen und Mandeltaschen darin nacheinander auf jeder Seite ca. 15 Sekunden goldbraun frittieren. Auf Küchenpapier entfetten lassen. Lauwarm oder kalt servieren.

Mini-Schokoladenkuchen

Zubereitungszeit:
20 Min.
Backzeit:
10 Min.

Nährwerte pro Stück:
151 kcal / 632 kJ
5 g EW
6 g F
20 g KH

Für 8 Stück:

3 Eier
90 g Zucker
90 g Mehl
2 TL Backpulver
3 EL Kakao
Butter für die Form

Mini-Schokoladenkuchen

1) Den Backofen auf 200 Grad vorheizen. Eier trennen. Eiweiß mit 3 EL Wasser und Zucker steif schlagen und Eigelb unterrühren. Das Mehl sieben. Dann mit Backpulver und mit Kakao unter die Schaummasse heben.

2) 8 Mini-Kastenformen (ca. 9 x 6 cm) leicht mit ein wenig Butter fetten. Den Teig auf die Kastenformen verteilen und im heißen Backofen auf der mittleren Schiene ca. 10 Minuten backen.

3) Die Kuchen aus dem Backofen nehmen und auf einem Kuchengitter kurz abkühlen lassen. Anschließend aus der Form lösen und vollständig auskühlen lassen.

!

Bestäuben Sie die Kuchen vor dem Servieren leicht mit etwas Puderzucker.
Das Eiweiß wird besonders steif, wenn Sie Mineralwasser zugeben. Verwenden Sie Kristallzucker hierfür, denn mit Puderzucker wird der Eischnee nicht so schön luftig.

Aus'zogene Küchlein

Zubereitungszeit:
30 Min.
Ruhezeit:
4 Std.

Nährwerte pro Stück:
243 kcal / 1017 kJ
7 g EW
8 g F
36 g KH

Für 12 Stück:
250 ml Vollmilch
20 g frische Hefe
500 g Mehl (Type 405)
2 Eier
1 Eiweiß
30 g Zucker
1 Prise Salz
Mehl für die Arbeitsfläche
3 EL Butter
Pflanzenöl zum Frittieren
(z. B. von Biskin)
Zucker zum Bestreuen

Aus'zogene Küchlein

1) Die Milch in einem Topf leicht erwärmen. Die Hefe hineinbröckeln und darin auflösen.

2) Das Mehl auf die Arbeitsfläche sieben, eine Mulde hineindrücken und Hefemilch, Eier, Eiweiß, Zucker und Salz hineingeben. Die Zutaten zu einem elastischen, nicht zu festen Teig verkneten.

3) Den Teig zu einer Kugel formen. Mit einem Küchentuch bedecken und an einem warmen Ort 3–4 Stunden gehen lassen.

4) Mit einem Esslöffel vom Teig 12 Portionen abstechen und diese zu Kugeln formen. Auf einem mit Mehl bestäubten Brett mit einem Küchentuch abgedeckt nochmals ca. 20 Minuten gehen lassen.

5) Butter zerlassen. Vor dem Frittieren die Teigkugeln flach drücken und mit in zerlassener Butter getauchten Fingern von der Mitte her dünn ausziehen. Am Schluss muss der Teig in der Mitte hauchdünn, an den Rändern etwas dicker sein.

6) Die Aus'zogenen Küchlein im 175 Grad heißen Pflanzenfett portionsweise 2–3 Minuten goldgelb ausbacken, dabei den Frittierkorb hin und wieder vorsichtig schütteln.

7) Die fertigen Küchlein auf Küchenpapier gut entfetten lassen und dann mit Zucker bestreut servieren.

Königs Kaffeetraum

Zubereitungszeit:
35 Min.
Ruhezeit:
12 Std.

Nährwerte pro Stück:
82 kcal / 343 kJ
1 g EW
4 g F
10 g KH

Für 50 Stück:
150 g Bitterkuvertüre • 100 g Vollmilchkuvertüre • 150 g Sahne • 75 ml Espresso • 25 g feinster Zucker (z. B. von SweetFamily) • 50 g Butter • 25 ml Absinthlikör (alternativ Baileys oder Orangenlikör) • 200 g Marzipan • 250 g weiße Schokolade

Für den Kaffeezucker:
100 g feinster Zucker • 20 g Kaffeepulver

Königs Kaffeetraum

1) Bitter- und Vollmilchkuvertüre fein hacken. Sahne mit Espresso aufkochen, dann Zucker und die Kuvertüre zugeben. Rühren, bis eine gleichmäßige Masse entsteht.

2) Butter und den Likör untermengen. Trüffelmasse in eine Form gießen und zur leichteren Verarbeitung über Nacht im Kühlschrank ruhen lassen.

3) Nach der Ruhezeit aus der Masse kleine Würfel ausschneiden und in der flachen Hand zu Kugeln formen. Marzipan dünn ausrollen, rund ausstechen und Trüffelkugeln darin verpacken.

4) Weiße Schokolade im Wasserbad schmelzen. Hände mit Schokolade bestreichen und Kugeln darin rollen.

5) Zucker und Kaffeepulver mischen. Die Trüffelkugeln zuletzt in Kaffeezucker wälzen. Auf einer Platte anrichten und servieren.

!

Falls Sie sich für die Variante mit Orangenlikör entscheiden, bietet es sich an, den Kaffeezucker durch Orangenzucker zu ersetzen. Reiben Sie die Schale von 1 unbehandelten Orange ab und mischen den Abrieb mit der gleichen Menge Zucker.

Mini-Panettoni mit Walnüssen und Cranberrys

Zubereitungszeit:
35 Min.
Ruhezeit:
4 Std.
Backzeit:
15 Min.

Nährwerte pro Stück:
520 kcal / 2176 kJ
11 g EW
27 g F
56 g KH

56

Für 6 Stück:
100 g getrocknete Cranberrys • 3 EL Cointreau • 2 TL Hefe • 120 ml Milch • 250 g Mehl • Zucker • Fett für die Schüssel • 60 g Walnüsse • 1 Ei • 3 Eigelb • 2 TL abgeriebene Orangenschale (unbehandelt) • 1 TL Salz • 30 g gemahlene Walnüsse • 3 EL Butter • 2 EL Rapsöl • Fett für die Formen • Walnusshälften zum Garnieren

Mini-Panettoni mit Walnüssen und Cranberrys

1) Cranberrys mit Cointreau übergießen und mehrere Stunden ziehen lassen.

2) Hefe mit warmer Milch so lange verrühren, bis sich die Hefe aufgelöst hat. 5 Minuten ziehen lassen. Dann Mehl und 2 EL Zucker unterrühren. Hefeteig in eine gefettete Schüssel geben, abdecken und an einem warmen Ort ca. 1 1/2 Stunden gehen lassen, bis sich das Teigvolumen verdoppelt hat.

3) Walnüsse hacken und ohne Fett rösten, dann abkühlen lassen. 70 g Zucker, Ei, 2 Eigelb, Orangenschale, Salz und gemahlene Walnüsse in einer Schüssel vermengen. Zum Teig geben und ca. 7 Minuten durchkneten, bis der Teig geschmeidig ist. Butter, Öl, abgetropfte Cranberrys und gehackte Walnüsse einarbeiten. Der Teig sollte leicht klebrig sein. Den Teig in eine gefettete Schüssel geben, abdecken und an einem warmen Ort 1 1/2 Stunden gehen lassen, bis sich das Teigvolumen in etwa verdoppelt hat.

4) 6 kleine Panettone-Formen (alternativ feuerfeste Tassen) fetten und mit Backpapier auslegen. Teig in die Formen geben. Mit Klarsichtfolie abdecken und an einem warmen Ort 1 Stunde gehen lassen, bis sich das Teigvolumen verdoppelt hat.

5) Restliches Eigelb mit 1 EL Wasser verquirlen, Panettoni damit bestreichen und mit etwas Zucker bestreuen. Mit Walnusshälften garnieren. Küchlein auf der mittleren Schiene im vorgeheizten Ofen bei 190 Grad 15 Minuten backen, bis sie goldbraun sind. Dann aus der Form stürzen und auf einem Kuchengitter erkalten lassen.

Luxemburgerli

Zubereitungszeit:
50 Min.
Trockenzeit:
2 Std.

Nährwerte pro Stück:
83 kcal / 347 kJ
1 g EW
5 g F
9 g KH

Für ca. 30 Stück:

Für die Makronen:

4 Eiweiß • 175 g Zucker • 50 g gemahlene Mandeln • 1 Päckchen Vanillinzucker • 1 EL Kakao • Lebensmittelfarbe rot, grün, gelb

Für die Füllung:

100 g Butter • 50 g Puderzucker • 2 Eigelb • 30 g Zartbitterschokolade • Saft und Schale von 1/2 Limette (unbehandelt) • Lebensmittelfarben rot, grün • 1 EL Himbeermark • 1 EL weißes Schokoladenpulver

Luxemburgerli

1) Eiweiß sehr steif schlagen und den Zucker nach und nach einrieseln lassen. Mandeln und Vanillinzucker unterheben. Masse vierteln. Unter eine Portion Kakao mischen, die jeweils anderen mit etwas Lebensmittelfarbe rot, grün und gelb färben.

2) Ein Blech mit Backpapier auslegen. Die 4 verschiedenen Massen jeweils in einen Spritzbeutel mit Lochtülle füllen und damit Tupfen auf das Backblech spritzen.

3) Die Makronen im vorgeheizten Backofen bei 75 Grad Ober- und Unterhitze bei einem Spalt breit geöffneter Ofentüre ca. 2 Stunden trocknen lassen.

4) Für die Creme weiche Butter mit dem Handrührgerät auf der höchsten Stufe weiß-cremig schlagen. Puderzucker sieben und mit dem Eigelb unter weiterem Rühren unter die Butter schlagen. Die Creme in 4 Portionen teilen.

5) Die Zartbitterschokolade schmelzen und unter ein Viertel der Buttercreme rühren. Limettensaft, geriebene Limettenschale und etwas grüne Lebensmittelfarbe unter ein weiteres Viertel mischen. Das nächste Viertel mit Himbeermark und etwas roter Lebensmittelfarbe mischen, das letzte Viertel mit weißem Schokopulver.

6) Die Cremes jeweils getrennt in Gefrierbeutel füllen, je eine Ecke abschneiden und die Füllungen auf die Hälfte der Makronen der jeweiligen Farbe verteilen. Die anderen Makronenhälften daraufsetzen. Luxemburgerli gut verschlossen aufbewahren.

Kirsch-Nugat-Muffins

Zubereitungszeit:
30 Min.
Backzeit:
30 Min.

Nährwerte pro Stück:
458 kcal / 1916 kJ
4 g EW
26 g F
25 g KH

Für 12 Stück:

100 g schnittfeste Nuss-Nugat-Masse • 1 Glas Schattenmorellen (Abtropfgewicht 350 g) • 260 g Butter oder Margarine • 160 g Zucker • 2 Eier • 150 g Weizenmehl • 1 gestr. TL Citro-Back • 50 g Speisestärke • 1/2 TL Backpulver

Für die Garnitur:

100 g Haselnussglasur (z. B. von Schwartau) • Konfettidekor für Kuchen

Kirsch-Nugat-Muffins

1) Backofen auf 175 Grad vorheizen. Nuss-Nugat-Masse in den Kühlschrank legen. Die Schattenmorellen in einem Küchensieb abtropfen lassen.

2) Zimmerwarme Butter oder Margarine zusammen mit dem Zucker cremig rühren. Eier hinzufügen und alles dickschaumig schlagen. Mehl mit Citro-Back, Speisestärke und Backpulver vermengen und ebenfalls einrühren.

3) Ein Muffinblech mit Papierförmchen auslegen und diese mit je 2 EL Teig füllen. Nuss-Nugat-Masse in ca. 1,5 cm große Würfel schneiden. Pro Muffin je 3 - 4 Kirschen und 1 Stückchen Nugat in den Teig drücken.

4) Das Blech auf die mittlere Schiene im heißen Ofen stellen und Muffins 25 - 30 Minuten backen. Anschließend die Muffins auskühlen lassen.

5) Die Kuchenglasur nach Packungsaufschrift erwärmen. Muffins mit der Glasur und dem Konfettidekor garnieren.

! Anstelle der Schattenmorellen aus dem Glas können Sie auch ca. 40 frische Sauerkirschen verwenden. Diese sollten Sie vor der Verarbeitung entsteinen.

Fruchtige Knabberplätzchen

Zubereitungszeit:
25 Min.
Ruhezeit:
2 Std.
Backzeit:
20 Min.

Nährwerte pro Stück:
67 kcal / 281 kJ
2 g EW
3 g F
8 g KH

Für 45 Stück:

100 g Haselnüsse
100 g Mandeln
180 g Trockenfrüchte (z. B. Pflaumen, Aprikosen, Rosinen)
100 g Butter
100 g Honig
30 g Zuckerrübensirup
abgeriebene Schale von 1 Zitrone (unbehandelt)
1/2 TL Zimtpulver
150 ml Mineralwasser
200 g Weizenmehl (Type 550)
100 g kernige Haferflocken

Fruchtige Knabberplätzchen

1) Haselnüsse, Mandeln und Trockenfrüchte mittelfein hacken. Die Trockenfrüchte mit Nüssen und Mandeln mischen.

2) Butter in einem Kochtopf bei schwacher Hitze schmelzen lassen und mit Honig sowie Zuckerrübensirup verrühren. Trockenfrüchte und Nüsse hinzufügen.

3) Nacheinander Zitronenschale, Zimt, Mineralwasser, Weizenmehl und Haferflocken unterrühren. Den Teig abgedeckt 1–2 Stunden ruhen lassen.

4) Backofen auf 175 Grad vorheizen. Aus dem Teig ca. 45 kirschgroße Kugeln formen und auf ein mit Backpapier belegtes Blech legen. Mit einer Gabel oder einem Fleischklopfer zu flachen Plätzchen drücken.

5) Die Plätzchen in den heißen Ofen schieben und auf der mittleren Schiene ca. 20 Minuten backen.

! Zuvor in Amaretto oder Rum eingelegte Trockenfrüchte verleihen den Plätzchen eine besondere Note.

Mini-Windbeutel mit Pflaumen-Rum-Sahne

Zubereitungszeit:
40 Min.
Backzeit:
25 Min.

Nährwerte pro Stück:
118 kcal / 494 kJ
2 g EW
8 g F
10 g KH

60

Für 30 Stück:
100 g Butter
1 Prise Salz
150 g Mehl
4 Eier
400 g Sahne
2 Päckchen Sahnesteif
2 TL Puderzucker
3-4 EL Rum
1 Prise Bourbonvanille
300 g Pflaumenmus (Glas)
Puderzucker zum Bestäuben

Mini-Windbeutel mit Pflaumen-Rum-Sahne

1) 250 ml Wasser, Butter und Salz in einem Topf aufkochen. Mehl auf einmal zugeben und die Masse bei mittlerer Hitze zu einem Kloß rühren. Diesen ca. 1 Minute anbraten; dabei bildet sich am Topfboden ein heller Belag. Teig in eine Schüssel geben. Eier verquirlen und ein Viertel davon in den Teigkloß einrühren. 10 Minuten abkühlen lassen.

2) Backofen auf 180 Grad vorheizen. 2 Backbleche mit Backpapier auslegen und mit Wasser besprenkeln.

3) Restliches Ei nach und nach mit dem Handrührgerät unter den Teig rühren. Ei nach jeder Zugabe immer vollständig untermischen und Teigkonsistenz prüfen; sie darf nicht zu weich werden und die Teigspitzen müssen stehen. Bei Bedarf nicht die ganze Eimasse verwenden. Masse in eine Spritztüte mit Sterntülle füllen. 30 kleine Rosetten mit Abstand auf die Bleche spritzen. Bleche nacheinander in den heißen Ofen auf die mittlere Schiene schieben.

4) Windbeutel 25 Minuten backen. In den ersten 15 Minuten die Ofentür nicht öffnen, sonst fallen sie zusammen. Dann Windbeutel vom Blech nehmen, auskühlen lassen und in der Mitte aufschneiden.

5) Sahne anschlagen. Sahnesteif und Puderzucker darübersieben und alles steif schlagen. Rum und Bourbonvanille unterrühren und abschmecken. Sahne in eine Spritztüte füllen. Je 1 TL Pflaumenmus in die Windbeutel geben, darauf etwas Sahne spritzen und zuklappen. Die Windbeutel mit Puderzucker bestäuben. Rasch servieren, dann schmecken sie am besten.

Register

Register

Bild- und Textnachweis

Titelbild: StockFood
Inhalt: Albrecht/Südwest Verlag: 29; Almond Board of California: 25, 52; Biskin: 14, 22, 33, 54; Brauner/Falken Verlag: 19; Butaris: 18, 44, 50; California Walnut Commission: 13, 42, 56; Cranberry Marketing Committee: 37; Galbani: 5; Holz/Südwest Verlag: 3, 43; Kalifornische Trockenpflaumen: 10; Kikkoman Trading Europe GmbH: 47; Köllnflocken: 59; Newedel/Südwest Verlag: 16, 24, 60; Photocuisine: 7, 9, 12, 17, 41; Plewinski/Südwest Verlag: 23; Rama: 2, 4, 11; reis-fit: 40; Sanella: 15; Schwartauer Werke: 58; Smend/Südwest Verlag: 35, 36, 48, 49; StockFood: 1, 6, 8, 20, 21, 26, 28, 30, 31, 32, 34, 38, 39, 46, 51, 53, 57; SweetFamily: 55; The Food Professionals Köhnen GmbH: 45; Vitaquell: 27